Tierkinder

Tatjana Alisch

Bisher sind in dieser Reihe erschienen:

Vögel

ISBN
978-3-8174-7928-3

Insekten,
Spinnen Co.
ISBN
978-3-8174-7929-0

Bäume + Sträucher

ISBN
978-3-8174-7930-6

Blumen, Gräser +
Kräuter
ISBN
978-3-8174-7931-3

Tiere im Wald +
auf der Wiese
ISBN
978-3-8174-8247-4

Steine, Minerale +
Fossilien
ISBN
978-3-8174-8248-1

Meer, Strand +
Küste
ISBN
978-3-8174-8372-3

Teich, Fluss + See

ISBN
978-3-8174-8373-0

Schmetterlinge

ISBN
978-3-8174-9128-5

compact via ist ein Imprint der Compact Verlag GmbH

© 2011 Compact Verlag GmbH München

Alle Rechte vorbehalten. Nachdruck, auch auszugsweise,
nur mit ausdrücklicher Genehmigung des Verlages gestattet.

Text: Tatjana Alisch
Chefredaktion: Evelyn Boos
Redaktion: Felicitas Zahner
Fachredaktion: Peter Pretscher
Produktion: Johannes Buchmann
Abbildungen: siehe Bildnachweis S. 80
Illustrationen: Doris Weigl (S. 20 u., S. 22, S. 39 o. l., S. 40 m. r., S. 51, S. 53 u., S. 57 u. l., S. 66 r., S. 71)
Titelabbildungen: dpa Picture-Alliance, Frankfurt: dpa (m.); www.fotolia.de: Carola Schubbel (l.),
Graham Taylor (u.), Pétrouche (o., h.)
Gestaltung: ekh Werbeagentur GbR
Umschlaggestaltung: ekh Werbeagentur GbR

ISBN 978-3-8174-9129-2
381749129/1

www.compact-via.de

Vorwort

Hallo an alle großen und kleinen Naturdetektive!

Tierkinder gibt es natürlich nicht nur an Land, sondern auch am oder im Wasser und sogar unter der Erde. Weißt du zum Beispiel, dass die Krebskinder fast durchsichtig sind? Und kannst du dir vorstellen, wie die Kinder von Eichhörnchen aufwachsen? Oder hast du schon einmal davon gehört, dass die Libellen und ihre Larven räuberisch leben?

Jede Naturerforschungsexpedition will gut vorbereitet sein! Und da kommen die vielen spannenden Hintergrundinformationen ins Spiel: Woher hat der Springschwanz seinen Namen? Wie alt wird eigentlich ein Regenwurm? Wovon hängt es ab, ob aus einer Schildkröte ein Männchen oder ein Weibchen wird?

Dieser spannende Naturführer gibt euch aber nicht nur einen Einblick in die Kinderstuben der Tiere, sondern er bietet euch auch jede Menge Spiel, Spaß und … super Aktionen mit und in der Natur!

Noch mehr Spiele, Naturerforschungstipps und Wettbewerbe, bei denen es auch tolle Preise zu gewinnen gibt, findet ihr im Internet unter www.naturdetektive.de, einem Projekt des Bundesamtes für Naturschutz.

Jeder kann mitmachen! Also, schaut einfach mal vorbei!

Eure

Beate Jessel
Präsidentin des Bundesamtes für Naturschutz

Inhalt

Inhalt

Einführung **5**
Tierkinder im und am Wasser **11**
Säugetiere 12
Vögel. 13
Insekten 18
Fische. 20
Amphibien. 23
Reptilien 25
Krebstiere 26
Tierkinder an Land **27**
Säugetiere 28
Vögel. 34
Insekten 47
Reptilien 54
Spinnentiere. 56
Schnecken 57
Tierkinder unter der Erde **58**
Säugetiere 59
Insekten 67
Würmer 73
Glossar. **76**
Naturschutz und Rote Liste **78**
Register **79**

Extras

Tierkinder-Memo basteln. 22
Nistkasten für Vögel bauen 39
Nisthilfe für Insekten bauen 51
Springschwänze züchten 71
Naturquiz 74

Einführung

Einführung

Wir alle haben einmal klein angefangen – so auch die Tiere. Wenn von Tierkindern die Rede ist, denkst du sicher zuallererst an die kleinen Säugetiere, wie du sie von unseren Haustieren, vom Bauernhof oder aus dem Tierpark kennst – an den Hasen, das Reh oder die Katze etwa. Auch kleine Enten oder Hühner hast du sicher schon einmal gesehen.

Rehkitz

Junges Wildkaninchen

Oder, wie lange die Entwicklung vom neugeborenen bis zum erwachsenen Tier, das selbst Junge bekommen kann, dauert. Oder auch, wie die Tiere ihren Nachwuchs vor Feinden oder ungünstigen Witterungsverhältnissen schützen. Diese Verhaltensweisen sind den Tieren durch ihre natürlichen Instinkte vorgegeben.

So ein süßes Entenküken hast du sicher auch schon einmal gesehen.

Wer aber weiß, wie die Jungen von Fischen, Reptilien oder Insekten aussehen? Es ist aber nicht nur das Aussehen, durch das sich die Tierkinder voneinander unterscheiden. Wesentlich größer sind die Unterschiede in der Art und Weise, wie die verschiedenen Tiere für ihre Jungen sorgen.

Einführung

Säugetiere

Nach der Paarung von Männchen und Weibchen entwickeln sich die Kinder im Mutterleib. Die Weibchen bringen nach der sogenannten Tragzeit in den meisten Fällen lebende, voll entwickelte Junge zur Welt. Nach der Geburt werden die Jungtiere von der Mutter mit Milch gesäugt.

Die meisten Säugetiere kümmern sich sehr ausgiebig um ihre Jungen. Sie sind ja auch die einzigen Tiere, die ihre Jungen säugen, ihnen also Kraft aus ihrem eigenen Körper abgeben. Sie kämpfen für ihre Jungen und kuscheln mit ihnen, wärmen und säubern sie und bilden sie oft auch noch für ihr selbstständiges Leben aus. Das kann Wochen oder auch Monate dauern. Und manchmal bleiben auch die erwachsenen Tiere mit ihren Eltern durch das Leben im Rudel verbunden.

Zugleich gibt es aber auch bei den Säugetieren große Unterschiede bei der Aufzucht der Jungtiere. Der größte Un-

Säugetiermütter sind sehr fürsorglich.

terschied ist der zwischen Nestflüchtern und Nesthockern. Zu den Nestflüchtern gehören vor allem die großen Pflanzenfresser wie Zebras, Rehe und Rinder. Sie haben selbst keinen Zufluchtsort und müssen deshalb immer zur Flucht vor ihren Feinden bereit sein.

Die Mutter säugt die Jungen.

Einführung

Ihre Jungen können bereits wenige Stunden nach der Geburt laufen und folgen oft schon nach wenigen Tagen ihren Eltern auf Schritt und Tritt.

Fleischfresser oder kleinere Säugetiere wie Mäuse, Igel oder Eichhörnchen sind dagegen Nesthocker. Ihre Jungen kommen meist blind und völlig hilflos zur Welt und verbringen deshalb ihre ersten Lebenswochen gut geschützt in einem Bau oder Nest.

Amsel beim Brüten

Eichhörnchen sind Nesthocker und verlassen erst spät die Kinderstube.

Nach einer oder mehreren Wochen schlüpfen die Jungvögel. Das Innere ihres Schnabels ist oft leuchtend gelb oder rot gefärbt. Wenn sie dann beim Füttern den Schnabel weit aufreißen, werden sie von den Eltern nicht übersehen. Die Jungvögel werden in drei Gruppen eingeteilt: Nesthocker, Platzhocker und Nestflüchter.

Vögel

Vögel legen nach der Paarung Eier und brüten sie in Nestern aus. Damit es die Jungen später bequem und vor allem warm haben, werden die Nester, je nach Art, mit Moos, Tierhaaren, weichen Federn und Ähnlichem gepolstert. Beim Brüten setzt sich ein Vogel-Elternteil auf die Eier, um sie mit Brust und Bauch zu erwärmen, damit sich die Jungen gut entwickeln können.

Hunger!

Einführung

Die Nesthocker schlüpfen nackt und blind und sind daher für einen gewissen Zeitraum völlig auf ihre Eltern angewiesen. Die hilflosen Küken werden von den Altvögeln gefüttert und gewärmt. Mit der Zeit wachsen sie und bekommen Federn. Meistens verlassen sie das Nest erst, wenn sie schon ein wenig fliegen können. Das nennt man „flügge werden". Dann sitzen sie auf Ästen in der Nähe des Nestes, werden aber noch immer gefüttert, bis sie sich schließlich selbst versorgen können und davonfliegen. Zu den Nesthockern gehören beispielsweise Raubvögel, Spechte und Störche.

am Boden befinden, können die Küken schon früh außerhalb des Nestes herumlaufen. Fliegen lernen sie aber erst später.

Möwen sind Platzhocker.

Störche zählen zu den Nesthockern.

Die Platzhocker kommen, im Gegensatz zu den Nesthockern, mit Federn zur Welt. Zu ihnen zählen zum Beispiel viele Möwen und Seeschwalben. Sie können sofort sehen und hören, müssen aber auch noch von ihren Eltern gefüttert und gewärmt werden. Da sich die Nistplätze der Platzhocker meist

Als Nestflüchter werden Küken bezeichnet, die von Anfang an ein weiches, flauschiges Daunenkleid haben und voll entwickelt sind. Dies ist zum Beispiel bei Enten und Gänsen der Fall. Sie können bereits nach ein bis zwei Tagen laufen, schwimmen oder tauchen. Bestimmt hast du schon einmal eine Entenfamilie gesehen. Die kleinen Entchen bewegen sich wie selbstverständlich auf dem Wasser. Die Mutter passt aber noch auf und wärmt sie – vor allem nachts.

Enten sind Nestflüchter.

Einführung

Insekten

Auch Insekten legen nach der Paarung Eier. Aus ihnen schlüpfen nach einer gewissen Zeit Larven. Diese durchlaufen mehrere Stadien, bevor sie ausgewachsen sind. Das nennt man Verwandlung oder Metamorphose. Manche Insekten (Schmetterlinge und Käfer zum Beispiel) machen eine vollständige Verwandlung durch. Das heißt, dass die Larven wachsen, sich häuten und verpuppen. In der Puppe verwandeln sie sich in das fertige Insekt.

Andere Insekten wie Libellen oder Ohrwürmer machen eine unvollständige Verwandlung durch. Ihre Larven ähneln bereits den erwachsenen Tieren. Sie müssen sich nur noch mehrmals häuten und wachsen.

Ein erwachsener Schmetterling

Amphibien, Reptilien und Fische

Amphibien, Reptilien und Fische legen im Normalfall ebenfalls Eier: Die Weibchen legen sie an einem mehr oder weniger geschützten Platz ab und überlassen das Gelege und die Jungtiere normalerweise sich selbst.

Auch hier kommen, im Gegensatz zu den Säugetieren und Vögeln, die Tiere nicht in einem kindlichen Stadium ihrer endgültigen Gestalt auf die Welt, sondern durchlaufen mehrere Entwicklungsstadien vom Ei über die Larve bis hin zum erwachsenen, geschlechtsreifen Tier.

Ein Schmetterling im Raupenstadium

Einführung

Tierkinder beobachten

Beobachte die Tierkinder durch ein Fernglas!

Wenn du Tierkinder beobachten willst, musst du ganz leise und vorsichtig sein! Schrecke die Tiere auf keinen Fall auf und verhalte dich so still wie möglich. Halte dich auch so weit wie möglich von der Kinderstube entfernt auf.

Nimm am besten ein Fernglas mit! Dann kannst du die Tiere auch gut sehen, obwohl du von ihnen weit entfernt bist. Entdeckst du ein Tierkind, kannst du es so in Ruhe betrachten.

Jungtiere sind besonders scheu und brauchen Ruhe.

Leider kannst du viele Tierkinder nicht in freier Wildbahn beobachten, da sie dafür zu gut versteckt sind. Bei manchen von ihnen, vor allem bei den Insekten, musst du aber einfach nur wissen, wann und wo sie zu finden sind. Und vor allem solltest du genau wissen, wie die Jungtiere aussehen. So kannst du sogar im heimischen Garten oder im Park interessante Beobachtungen machen.

Wenn du mehr über die Tierkinder erfahren willst, schlägst du einfach in diesem Buch nach. Wir haben die Tierkinder in drei Gruppen unterteilt: in Tierkinder im und am Wasser, an Land und unter der Erde.

Willst du ein echter Naturdetektiv werden?

Dann informiere dich auch im Internet unter www.naturdetektive.de. Dort findest du Hinweise zum Projekt „Naturdetektive" des Bundesamtes für Naturschutz und viele spannende Auskünfte über unsere heimische Tier- und Pflanzenwelt. Mach mit und erkunde die Natur!

Säugetiere

Biber

ein bis fünf Jungtiere im Jahr
Kinderstube: Burg im Wasser

Lebensraum und Geburt
Biber bauen mächtige Burgen aus Ästen und Zweigen in oftmals von ihnen selbst aufgestauten Seen. Sie werden immer von einer einzigen Biberfamilie bewohnt. Eine Familie besteht aus den Eltern und zwei Generationen von Jungtieren. Männchen und Weibchen bleiben ihr ganzes Leben lang zusammen.

Nach den Balzspielen Anfang des Jahres paaren sie sich. Das Weibchen bringt dann zwischen April und Juni die Jungen zur Welt. Diese haben bereits Haare und können sehen.

Heranwachsen der Jungtiere
Die kleinen Biber, die bei ihrer Geburt gut 500 Gramm wiegen, werden zwei bis drei Monate lang gesäugt. Allerdings nehmen sie ab der dritten Woche auch schon pflanzliche Nahrung zu sich. Nach zwei Jahren verlassen sie die elterliche Burg. Mit zweieinhalb bis vier Jahren werden sie geschlechtsreif und gründen eine eigene Familie.

Der kleine Biber ist noch etwas tapsig unterwegs.

Schon gewusst?
Durch die Flussbegradigungen des letzten Jahrhunderts wurde dem Biber zeitweise jegliche Lebensraum genommen. Doch inzwischen bemüht man sich wieder um naturnahe Landschaften und der Biber kann wieder gut leben.

Zwei junge Biber erkunden die Umgebung.

Vögel

Blesshuhn

Lebensraum und Brutpflege

Das Blesshuhn lebt an langsam fließenden Flüssen, an Seen und Teichen sowie in sumpfigem Gebiet. Im Frühling beginnen die Blesshühner mit der Balz, bei der die Männchen sich gegenseitig weit umherjagen. Das Blesshuhn wird daher auch als zänkisch bezeichnet.

Brut: ein- bis zweimal im Jahr vier bis zwölf Jungtiere

Gemeinsam mit dem Weibchen bauen sie aus Schilf, Wasserpflanzen und Zweigen ein Nest, das sich teilweise direkt über der Wasseroberfläche befindet. Nach dreiwöchiger Brutzeit schlüpfen die Jungen.

Sechs Wochen lang werden sie von den Eltern voll versorgt. Nach acht Wochen sind sie schließlich völlig selbstständig.

Heranwachsen der Jungtiere

Die kleinen Blesshühner können sofort nach dem Schlüpfen schwimmen und folgen ihren Eltern, sobald ihr dünner schwarzer Federflaum trocken ist. Ihre Blesse, also die weiße Stirn, haben sie noch nicht, stattdessen sind sie am Kopf rötlich und gelblich gefärbt.

Die Mutter füttert die Jungen.

Die Jungen warten auf Futter.

Schon gewusst?

Als Nistplatz sucht sich das Blesshuhn meist Stellen mit viel Schilf und anderen Uferpflanzen.

Vögel

Graureiher

Lebensraum und Brutpflege

Graureiher sind an allen Gewässern mit seichten, nicht zu dicht bewachsenen Uferzonen zu finden. Sie nisten in alten Baumbeständen, in deren Wipfeln sie oft große Gemeinschaften bilden.

Brut: einmal im Jahr vier bis fünf Jungtiere

Graureiher nisten hoch oben in Baumwipfeln.

Graureiher bleiben ihr ganzes Leben über mit dem gleichen Partner zusammen und benutzen auch ihr altes Nest jedes Jahr wieder, wobei sie es neu auspolstern und erweitern. Im März legen sie im Abstand von zwei Tagen vier bis fünf Eier ab. Nach vier Wochen schlüpfen dann die Jungen.

Heranwachsen der Jungtiere

Die kleinen Reiher tragen ein weiches Daunenkleid. Sie werden zwei Wochen lang ständig von einem Elternteil gehudert, dann erst werden sie alleine gelassen. Die Eltern füttern die Jungen mit Insekten, Fischen, Fröschen und Mäusen. Mit 30 Tagen können die jungen Tiere auf ihrem Nistbaum herumklettern und mit 50 Tagen sind sie flügge. In einer Graureiherkolonie geht es ziemlich laut zu.

Ein junger Graureiher

Schon gewusst?

Die größte Graureihergemeinschaft Europas liegt in der Bretagne, das ist in Frankreich. Dort brüten 1000 bis 1900 Paare.

Vögel

Schwan

Brut: einmal im Jahr fünf bis sieben Jungtiere

Lebensraum und Brutpflege

Schwäne leben auf langsam fließenden und stehenden Gewässern, oft auch in Park- und Schlossanlagen von Großstädten. Schwäne bleiben ihr ganzes Leben mit ihrem Partner zusammen. Ihr etwa ein Meter großes Nest, das sie oft mehrmals benutzen, bauen sie aus Schilf und anderen Wasserpflanzen am Ufer oder im Wasser. Sie polstern es mit Federn und weichen Pflanzenteilen aus.

Im Abstand von zwei Tagen legt das Weibchen fünf bis sieben Eier ab, aus denen nach einem Monat die Jungen schlüpfen.

Die kleinen Schwäne bekommen Fressen.

Heranwachsen der Jungtiere

Die kleinen Schwäne haben zunächst ein flauschiges, graues Daunenkleid. Auch wenn sich die Federn nach vier bis fünf Monaten gebildet haben, behalten sie zur besseren Tarnung noch ein Jahr eine graubraune Färbung. Bis sie flügge werden, kümmern sich die Eltern gemeinsam um die Kinder. Oft werden die Küken zum Schutz vor Hechten auf dem Rücken getragen.

Junge Schwäne sind graubraun gefärbt.

Vorsicht!

An brütende Schwäne oder Jungtiere sollte man nicht nahe herangehen! Denn die Eltern reagieren meist sehr aggressiv und können schmerzhaft beißen.

Vögel

Stockente

Brut: einmal im Jahr
fünf bis sechzehn Jungtiere

Lebensraum und Brutpflege

Die Stockente ist die häufigste Entenart auf unseren Seen, Weihern, Teichen und Flüssen. Zur Brut werden auch Gartenteiche aufgesucht. Nach der Balz suchen Männchen und Weibchen im März gemeinsam einen Nistplatz aus. Dort legt das Weibchen zunächst nur ein einziges Ei ab, um seine Sicherheit zu testen. Dann polstert es das Nest mit Federn aus, die es sich selbst ausrupft.

Ein Entennest

Es legt noch weitere vier bis 15 Eier dazu oder sucht nach einem neuen Platz. Erst wenn sie alle Eier gelegt hat, beginnt die Ente zu brüten, während der Vater die Familie verlässt. Nach knapp vier Wochen schlüpfen die Küken aus.

Heranwachsen der Jungtiere

Die kleinen Enten können das Nest sofort verlassen und folgen der Mutter überall hin. Da ihre Bürzeldrüsen noch nicht funktionieren, muss die Mutter alle Entchen mit ihrem eigenen Fett einschmieren, damit sie im Wasser nicht völlig durchgeweicht werden.

Schon gewusst?

Das Weibchen überprüft und reguliert die Temperatur des Geleges über die kahle, gut durchblutete und warme Stelle an ihrer Brust. Diese Stelle nennt man Brutfleck.

Die Entenmutter und die Küken stehen in ständigem Rufkontakt. Die Küken gehen auf Zuruf der Mutter bei Gefahr sofort in Deckung. Mit acht Wochen sind die Entchen flügge und selbstständig.

Eine Entenmutter mit ihren Küken.

Vögel

Teichrohrsänger

Lebensraum und Brutpflege
Der Teichrohrsänger ist ein Zugvogel und bewohnt die Uferregionen von Flüssen, Seen, Teichen und Mooren. Entscheidend für sein Vorkommen ist ein größerer Schilfbestand.

Brut: ein- bis zweimal im Jahr zwei bis fünf Jungtiere

Die Mutter füttert die Jungen.

Heranwachsen der Jungtiere
Zunächst sind die kleinen Teichrohrsänger völlig hilflos und blind und werden von ihren Eltern mit Fliegen, Larven und kleinen Spinnen gefüttert. Nach elf oder zwölf Tagen verlassen sie das Nest und klettern im Röhricht umher. Ein paar Tage später sind sie flügge und selbstständig. Spätestens im August sind die letzten Jungvögel flügge.

Bereits während der Paarungszeit beginnen Männchen und Weibchen mit dem Bau des Nestes. Dieses flechten sie mit Grashalmen und Schilfblättern in 60 bis 80 Zentimetern Höhe zwischen drei oder vier Schilfstängel.

Danach polstern sie es mit Tierhaaren, Pflanzenfasern und Moos aus. Nachdem das Weibchen zwei bis fünf Eier abgelegt hat, wird das Gelege von beiden Elternteilen abwechselnd bebrütet. Nach zwölf bis 15 Tagen schlüpfen die Jungen.

Ein junger Teichrohrsänger

Schon gewusst?
Der Teichrohrsänger ist einer der bevorzugten Wirtsvögel des Kuckucks.

Insekten

Kolbenwasserkäfer

Eiablage: einmal im Jahr 50 Eier

Lebensraum und Eiablage
Der Kolbenwasserkäfer bewohnt stehende Gewässer mit vielen Wasserpflanzen. Er gehört zu den wenigen Insekten, die eine einfache Brutfürsorge betreiben. Dazu baut das Weibchen aus einem Blatt, das im Wasser schwimmt, ein kleines Schiffchen für die Eiablage. Unter diesem Blatt hängend webt es aus einem Körpersekret einen kleinen Sack, in den es die Eier ablegt. Sie verwebt ihn mit Schwimmpflanzen, damit er befestigt ist. Für die Versorgung mit Sauerstoff bekommt das Schiffchen noch einen „Kamin", der über die Wasseroberfläche hinausragt.

Schon gewusst?
Mit einer Länge von bis zu fünf Zentimetern ist der Kolbenwasserkäfer der größte Wasserkäfer Europas. Er hat außerdem eine ungewöhnliche Form der Atmung, bei der er seine kolbenartigen Fühler über die Wasseroberfläche hält.

Heranwachsen der Jungtiere
Die wurmähnlichen Larven werden bis zu sieben Zentimeter groß und leben im Wasser. Sie ernähren sich hauptsächlich von kleinen Schalen- und Weichtieren, etwa Schnecken. Zum Verpuppen verlassen die Larven das Wasser und verstecken sich in kleinen Erdhöhlen oder zwischen Wurzeln. Die Käfer schlüpfen noch im Herbst des gleichen Jahres.

Ein Eiersack und Larven des Kolbenwasserkäfers

Kolbenwasserkäfer vor der Paarung

Insekten

Libelle

Eiablage: im Sommer je nach Art 80 bis 2000 Eier

Lebensraum und Eiablage

Libellen sind räuberisch lebende Insekten, die an stehenden und langsam fließenden Gewässern, im Sumpf oder im Moor vorkommen. Nach der Paarung legt das Weibchen die Eier an Wasserpflanzen oder direkt im Wasser ab, wo die Larven nach einigen Wochen ausschlüpfen.

Schon gewusst?

Oft kannst du beobachten, wie zwei Libellen zusammenhängend fliegen oder im Flug sogar eine Art Rad bilden. Das sind Männchen und Weibchen bei der Paarung.

Heranwachsen der Jungtiere

Die Larven leben ebenfalls räuberisch. Sie lauern ihrer Beute auf und packen sie dann blitzartig mit ihrem greifzangenartigen Mundwerkzeug. Bis zur Verwandlung in eine Libelle müssen sie sich etwa zehnmal häuten. Die Dauer der Verwandlung hängt unter anderem von der Wassertemperatur ab und beträgt mehrere Monate oder sogar bis zu über vier Jahre. Vor der letzten Häutung kriecht die Larve aus dem Wasser und klammert sich an einen Pflanzenstängel.

Libelle bei der Eiablage

Nach ein paar Tagen schlüpft die fertige Libelle, während die leere Larvenhaut starr an der Pflanze hängen bleibt. Bevor sie davonfliegen kann, muss die Libelle noch warten, bis ihre Haut ausgehärtet ist und die Flügel aufgepumpt sind.

Gerade geschlüpfte Libelle mit Larvenhaut

Fische

Bachforelle

Lebensraum und Eiablage

Ab Ende September zieht die Bachforelle von ihrem Standplatz unter ausgehöhlten Ufern und zwischen Wurzelwerk in schnell fließenden Gewässern flussaufwärts zu ihren Laichplätzen. Hat sich ein Paar gefunden, gräbt das Weibchen mit seiner Schwanzflosse an einer kiesigen Stelle mehrere kleine Mulden in das Bachbett, in die es über 1000 Eier ablegt.

Nachdem das Männchen die Eier besamt hat, werden sie zum Schutz vor der Strömung und vor Feinden mit Kies bedeckt und danach sich selbst überlassen. Je nach Wassertemperatur schlüpfen nach etwa 50 bis 60 oder 100 bis 120 Tagen die Larven aus den Eiern.

Eiablage: im September/Oktober über 1000 Eier

Heranwachsen der Jungtiere

Die nur etwa zwei Millimeter großen Larven bleiben zunächst noch 30 bis 50 Tage im Kies. Sie ernähren sich vom Dottersack der Eier, bevor sie selbst zu jagen beginnen. Ist die Larve zwei Zentimeter groß, bilden sich allmählich Schuppen und Flossen, bis sie ganz zu einem Fisch geworden ist.

Die kleinen Forellen leben im Schwarm zwischen den Pflanzen am Boden des Baches, wo sie vor größeren Fischen besser geschützt sind.

Schon gewusst?

Früher gab es mehr Bachforellen als heute. Denn sie brauchen sehr sauberes Wasser, das sie nicht mehr überall finden. So wurden sie teilweise von der nicht so empfindlichen Regenbogenforelle verdrängt.

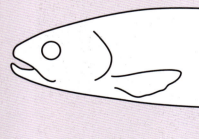

Fische

Dreistachliger Stichling

Jungtiere: Frühjahr und Sommer
Kinderstube: seichte, pflanzenreiche Gewässer

Sobald ein Weibchen erscheint, führt der Stichling einen komplizierten Balztanz auf und lockt das Weibchen zur Eiablage in das Nest. Gleich danach verjagt er es und kümmert sich allein um die ungefähr 1000 Eier. Er schützt sie vor Räubern und fächelt ihnen sauerstoffreiches Wasser zu, bis die Jungen nach ein bis zwei Wochen schlüpfen.

Schon gewusst?
Das Stichlingsmännchen ist die meiste Zeit des Jahres eher unscheinbar gefärbt. Doch zur Laichzeit entwickelt es ein leuchtend buntes Schuppenkleid mit orangerotem Bauch und blauem Rücken.

Lebensraum und Eiablage
Der Stichling lebt vor allem im Süßwasser, kommt aber auch in den Küstengebieten von Nord- und Ostsee vor. Noch bevor das Männchen um ein Weibchen wirbt, macht es alles für die Eiablage bereit: Es legt eine kleine Grube auf dem Boden des Gewässers an, in die es ein röhrenförmiges Nest aus Pflanzen baut. Dieses wird erbittert gegen jeden männlichen Konkurrenten verteidigt.

Heranwachsen der Jungtiere
Bis die kleinen Stichlinge ihren Dottersack aufgezehrt haben, werden sie noch vom Vater beschützt. Er drängt sie dabei oft im Maul ins Nest zurück, wenn sie sich zu weit von ihrem Unterschlupf entfernt haben. Dann machen sie sich selbstständig.

Zur Paarungszeit sind die Bäuche der Männchen rot gefärbt.

Basteln macht Spaß

Tierkinder-Memo

Dazu benötigst du:
dünnen Pappkarton,
buntes Papier für die Rückseite,
eine Schere,
Klebstoff,
einen Drucker

Willst du das Wissen deiner Eltern oder Freunde testen und dabei auch selbst etwas zum Spielen haben? Dann kannst du dir ein Tierkinder-Memo basteln. Im Gegensatz zu einem normalen Memo-Spiel besteht dieses Memo nicht aus Kartenpaaren mit zwei identischen Bildern, sondern aus jeweils einem Bild mit dem erwachsenen Tier und einem Bild mit dem Jungtier.

Und so gehts:
Mache dir eine Liste, welche Tiere du in dein Memo aufnehmen willst. Achte bei deiner Auswahl besonders darauf, dass sich die betreffenden Tierkinder gut voneinander unterscheiden lassen. Suche Bilder von diesen Tieren zum Beispiel im Internet und drucke sie im Format sechs mal sechs Zentimeter aus. Du kannst die Bilder auch selbst zeichnen oder aus Zeitschriften ausschneiden. Beklebe die eine Seite der Pappkartons mit den Bildern und die andere mit dem bunten Papier und schneide die Kärtchen aus.

Nun kannst du spielen!
Viel Spaß dabei!

Tipp
Noch mehr Spaß macht es, wenn du auch eigene Fotos für das Memo verwendest.

Amphibien

Erdkröte

Lebensraum und Eiablage

Die Erdkröte kommt überall dort vor, wo sie ein geeignetes Gewässer für die Eiablage findet. Im März, bei Temperaturen um die zehn Grad, machen sich die Kröten auf den Weg dorthin, wo sie selbst geboren wurden.

Jungtiere: April bis Juli
Kinderstube: in stehenden Gewässern

Das Männchen lässt sich vom Weibchen zu einem Gewässer tragen, wo die Eier abgelegt werden.

Dabei klammern sich die viel kleineren Männchen oft an den Weibchen fest und lassen sich von ihnen tragen. Mehrere Tage bleiben die Kröten gemeinsam im Wasser.

Dann legen die Weibchen mehrere Tausend Eier ab, die nun erst von den Männchen befruchtet werden. Die Eier, die in sogenannten Laichschnüren miteinander befestigt sind, werden an Wasserpflanzen befestigt. Nach zwölf bis 18 Tagen schlüpfen dort die kleinen schwarzen Kaulquappen.

Heranwachsen der Jungtiere

Den Kaulquappen wachsen zunächst die Beine und sie verlieren nach und nach ihren Schwanz, bis sie nach drei bis vier Monaten schließlich zu jungen Kröten geworden sind.

Laichzeit!

Schon gewusst?

Bei ihren Wanderungen zu den Laichgewässern sind die Kröten oft zu Hunderten unterwegs. Früher wurden sie dabei massenweise überfahren. Inzwischen werden beim Bau neuer Straßen extra kleine Tunnels für die Kröten angelegt oder Naturschützer sammeln sie ein und tragen sie über die Straße.

Amphibien

Laubfrosch

Lebensraum und Eiablage

Der Laubfrosch wohnt auf Bäumen, Büschen oder krautigen Pflanzen an Teichen und kleinen Seen. Die Eiablage und das Heranwachsen der Jungtiere finden aber im Wasser statt. Sobald die Nächte wärmer werden, beginnen die Laubfrösche mit ihrem Balzgesang.

Jungtiere: ab April oder Mai
Kinderstube: seichte Tümpel

Die Kaulquappe des Froschs entwickelt sich von der jungen Kaulquappe ...

Kurz nach der Paarung legt das Weibchen mehrere Laichballen mit je bis zu 80 Eiern ab, die möglichst dicht unter der Wasseroberfläche an Pflanzen befestigt werden. Je nach Wassertemperatur schlüpfen aus ihnen nach wenigen Tagen die hellgelben, drei bis fünf Millimeter langen Larven (Kaulquappen).

... hin zur alten Kaulquappe, die nur noch den Schwanz rückbilden muss.

Schon gewusst?

Es ist verboten, Kaulquappen oder Froschlaich mitzunehmen. Die meisten Frosch- und Krötenarten stehen unter Naturschutz. Und die Zahl der Tiere, die gar nicht ausschlüpfen oder sterben, ist so schon viel zu hoch.

Heranwachsen der Jungtiere

Auch für die weitere Entwicklung ist die Wassertemperatur entscheidend. 50 bis 80 Tage dauert es, bis die Kaulquappe mit ihrem runden Körper und dem Ruderschwanz zunächst die Hinterbeine und die Vorderbeine entwickelt und den Schwanz zurückgebildet hat. Außerdem muss sie sich von der Kiemen- auf die Lungenatmung umstellen.

Reptilien

Europäische Sumpfschildkröte

**Gelege mit acht bis 15 Eiern
Jungtiere: ab Ende August**

Lebensraum und Eiablage
Die Europäische Sumpfschildkröte ist unsere einzige einheimische Schildkrötenart. Sie bewohnt ruhige, abgelegene Teiche und langsam fließende Gewässer mit flachen Uferregionen. Sehr wichtig sind Sonnenplätze, wie zum Beispiel umgefallene Baumstämme, die aus dem Wasser ragen.

Die Paarungszeit beginnt direkt nach der Winterstarre. Die Eiablage erfolgt dann zwischen Ende Mai und Anfang Juli. Die Weibchen heben dazu an einer möglichst warmen Stelle zehn bis 15 Zentimeter tiefe Gruben aus, in denen sie jeweils acht bis 15 Eier ablegen, aus denen drei Monate später die Jungen schlüpfen.

Schon gewusst?
Ob eine Schildkröte ein Männchen oder ein Weibchen wird, hängt von der Temperatur im Gelege ab. Bei einer Durchschnittstemperatur von 28 bis 29,5 Grad Celsius kommen Weibchen und Männchen zur Welt. Unter 28 Grad Celsius entstehen nur Männchen. Ist es wärmer, werden es nur Weibchen.

Eine junge Sumpfschildkröte

Heranwachsen der Jungtiere
Sofort nach dem Schlüpfen krabbeln die kleinen Schildkröten zum Wasser, wo sie sich von Larven und Insekten ernähren. Schlüpfen sie erst sehr spät im Jahr, überwintern sie manchmal in der Eikammer.

Frisch geschlüpfte Schildkröte

Krebstiere

Europäischer Flusskrebs

Lebensraum und Eiablage
Flusskrebse sind nachtaktiv und leben in Seen, Flüssen und Bächen mit guter Wasserqualität. Während der Paarungszeit im November und Dezember ist der Flusskrebs auch tagsüber unterwegs, bis er ein passendes Weibchen gefunden hat.

Eiablage: November bis Dezember je nach Art 60 bis 400 Eier

Schon gewusst?
Flusskrebse sind Allesfresser. Sie fressen unter anderem Muscheln, Schnecken, tote Fische und Frösche, aber auch Wasserpflanzen und Herbstlaub. Da kranke oder tote Tiere leicht zu erbeuten sind, verspeisen sie diese recht häufig.

Dann heftet er kleine Samenpakete an die Schwanzflosse des Weibchens, mit deren Inhalt später die Eier befruchtet werden. Die befruchteten Eier bleiben an den Schwimmfüßen des Weibchens kleben, wo sie ständig von frischem Wasser umspült werden, bis nach ein paar Monaten die Jungen schlüpfen.

Heranwachsen der Jungtiere
Die Krebskinder sind fast durchsichtig. Bis zur ersten Häutung hängen die kleinen Krebse an den Beinen der Mutter und suchen auch später noch dort Schutz. Die erste Häutung erfolgt nach etwa zehn Tagen.

Mit drei Jahren ist ein Flusskrebs geschlechtsreif und kann selbst für Nachwuchs sorgen.

Die Larve ist aus der Eihülle geschlüpft.

Tierkinder an Land

Säugetiere

Eichhörnchen

**1- bis 2-mal im Jahr 2 bis 6 Junge
Kinderstube: Nester in Bäumen**

Lebensraum und Geburt
Eichhörnchen leben im Wald, in Parks und in Gärten. Während der Paarungszeit im Januar und Februar machen Männchen und Weibchen wilde Verfolgungsjagden durch die Wipfel der Bäume. Sie bauen weit oben in den Bäumen ihre Nester, in denen sie das ganze Jahr über leben. Die Kobel, so heißen die Nester, sind mit Moos und Gräsern ausgepolstert. Dort bringen die Eichhörnchen ihre zwei bis sechs Jungen zur Welt.

Heranwachsen der Jungtiere
Um die Jungtiere, die anfangs nackt, taub und blind sind, kümmern sich nur die Weibchen. Nach drei Wochen haben die Jungen ihr vollständiges Fell und nach einem Monat öffnen sie die Augen.

Nach dem Säugen ernähren sich die Eichhörnchen selbstständig.

Nach sechs Wochen verlassen die Jungen erstmals das Nest. Sie werden zwei Monate lang gesäugt. Und auch wenn sie selbstständig sind, bleiben sie noch lange in der Nähe der Mutter.

Ein junges Eichhörnchen hat das Nest verlassen.

Schon gewusst?
Bei Gefahr tragen Eichhörnchen ihre Jungen in einen Ersatzkobel.

Säugetiere

Feldhase

3- bis 4-mal im Jahr 2 bis 4 Junge
Kinderstube: eine flache Erdmulde

Lebensraum und Geburt
Trotz ihrer Bekanntheit gehören die Feldhasen mittlerweile zu den selteneren Tieren. Sie sind Einzelgänger und leben auf trockenen Wiesen und Feldern. Die Männchen kämpfen erbittert um die Weibchen.

Schon gewusst?
Ein Hasenweibchen kann schon wieder neu befruchtet werden, während es noch trächtig ist. Es trägt dann gleichzeitig zwei unterschiedlich alte Würfe im Bauch, die es zu unterschiedlichen Zeiten zur Welt bringt. Das gibt es nur bei sehr wenigen anderen Säugetieren.

Das Weibchen gräbt für seine Jungen eine flache Mulde, die Sasse, in die Erde. Nach sechswöchiger Tragzeit bringt es meist zwei bis vier völlig ausgebildete Junge zur Welt.

Heranwachsen der Jungtiere
Die kleinen Hasen können von Anfang an bei Gefahr die Sasse verlassen. Sie bleiben viel allein, denn sie haben noch keinen Eigengeruch, sodass sie von Feinden kaum bemerkt werden.

Ein Feldhase drückt sich in die Mulde.

Sie haben ein so dickes Fell, dass sie nicht auskühlen. Drei Wochen lang werden sie von der Mutter gesäugt. Danach sind sie selbstständig.

Die jungen Feldhasen haben ein ganz flauschiges Fell.

Säugetiere

Fledermaus

Lebensraum und Geburt

Fledermäuse sind neben den Flughunden die einzigen Säugetiere, die richtig fliegen können. Sie sind auf der ganzen Welt verbreitet und halten in Höhlen, auf Dachböden oder in Kirchtürmen ihren Winterschlaf. Während dieser Zeit findet auch die Paarung statt.

ein Jungtier im Jahr
Kinderstube: in Höhlen oder auf Dachböden

Eine neugeborene Zwergfledermaus

Heranwachsen der Jungtiere

In den Wochenstuben klammern sich die kleinen Fledermäuse, die anfangs noch ganz hilflos sind, aneinander und wärmen sich, während ihre Mütter auf die Jagd gehen. Sie werden etwa drei Monate gesäugt und fliegen dann selbstständig zu ihrem Winterquartier.

Nach etwa drei Monaten sind Fledermäuse selbstständig.

Die Tragzeit beginnt im nächsten Frühjahr, denn während des Winterschlafs wäre eine Schwangerschaft zu kräftezehrend. Ende März kehren die Fledermäuse in ihre Sommerquartiere zurück. Die Weibchen bilden dort sogenannte Wochenstuben von 20 bis 50 Tieren, in denen sie ihre Jungen zur Welt bringen.

Schon gewusst?

Die Länge der Tragzeit ist bei Fledermäusen vom Nahrungsangebot abhängig. Gibt es genug zu fressen, kommen die Jungen nach 40 Tagen zur Welt. Sonst dauert es bis zu 70 Tage.

Säugetiere

Igel

Lebensraum und Geburt
Igel leben in trockenem Gelände mit Hecken und Gebüsch, an Waldrändern sowie in Parks und Gartenanlagen. Nach dem Winterschlaf und der Paarungszeit richten sich die Igel im Dickicht eine kleine Kinderstube ein, die sie mit Moos und trockenem Laub auspolstern.

vier bis fünf Jungtiere im Jahr
Kinderstube: im dichten Gebüsch

 Achtung!
Wenn du im Garten Igel siehst und sie füttern möchtest, stellst du ihnen am besten Katzenfutter hin. Auf keinen Fall sollen sie Milch trinken, da sie davon Durchfall bekommen und sterben können.

Dort kommen nach einer Tragzeit von sieben Wochen zwischen Juli und August vier oder fünf kleine Igel zur Welt. Bei ihrer Geburt sind sie nur sechs Zentimeter groß und wiegen 15 bis 20 Gramm. Sie sind blind und ihre Stacheln sind noch weiß und auch ganz weich.

Heranwachsen der Jungtiere
Erst nach zwei Wochen öffnen die Igel ihre Augen. Nun werden auch allmählich ihre Stacheln hart und braun. Sechs Wochen lang bleiben sie in ihrem Versteck und werden dort gesäugt. Dann dürfen sie mit zur Jagd auf Schnecken, Regenwürmer und Spinnen.

Kleine Igel in der Kinderstube

Ein Igeljunges blickt aufmerksam in die Welt.

Säugetiere

Reh

ein bis zwei Jungtiere im Jahr
Kinderstube: im Unterholz

In der Brunftzeit im Juli und August kämpfen die Männchen um die Weibchen. Nach der Paarung dauert es noch neun bis zehn Monate bis zur Geburt der ein bis zwei Jungtiere.

Heranwachsen der Jungtiere
Die Rehkitze werden zwei bis drei Monate lang gesäugt, bevor sie auch Gras und Blätter fressen. Sie können von Geburt an laufen, liegen aber die ersten Wochen still im Unterholz.

Lebensraum und Geburt
Rehe leben in Wäldern und teilweise auch in großen Parkanlagen. Wenn du Glück hast, kannst du sie morgens und abends auf Wiesen, Weiden und Äckern beobachten.

Die Mutter kümmert sich liebevoll um das Rehkitz.

Rehkitze liegen die ersten Wochen still im Unterholz.

Schon gewusst?
Rehkitze haben in den ersten Lebenstagen fast keinen Eigengeruch. So sind sie vor natürlichen Feinden geschützt. Denn die anderen Tiere, wie zum Beispiel der Fuchs, können sie nur schwer aufspüren.

Säugetiere

Wildschwein

fünf bis zwölf Jungtiere im Jahr
Kinderstube: im Wald

Lebensraum und Geburt
Wildschweine sind Allesfresser und daher nicht an einen bestimmten Lebensraum gebunden. Am liebsten leben sie in lichten Wäldern. Von November bis Januar ist ihre Paarungszeit, in der die Männchen oft heftig um die Weibchen kämpfen. Nach knapp vier Monaten bringen sie ihre Jungen zur Welt. Zuvor trennen sich die Weibchen von der Gruppe und bauen ein weiches Nest. Es nennt sich Wurfkessel und hat sogar ein Dach.

Mittagsschlaf auf Mama!

Heranwachsen der Jungtiere
Die jungen Wildschweine werden Frischlinge genannt. Sie haben ein braun-gelb gestreiftes Fell, das als Tarnkleid dient. Sie können von Anfang an laufen, bleiben aber die erste Woche über noch mit der Mutter in ihrem Nest.

Vorsicht!
Wildschweine, die ihre Frischlinge dabei haben, sind sehr angriffslustig. Man sollte auf alle Fälle Abstand halten.

Die Mutter säugt die Frischlinge.

Danach durchstreifen die Jungen mit ihren Müttern den Wald. Die Frischlinge werden lange gesäugt, fressen nach drei Wochen aber auch schon selbstständig. Sie sind sehr verspielt und toben mit ihren Geschwistern wild herum.

Vögel

Amsel

Lebensraum und Brutpflege

Die Amsel ist eigentlich ein Waldvogel, der jedoch die Wälder zunehmend verlassen hat und in Parkanlagen und Gärten zu Hause ist. Wenn du Glück hast, brütet sie sogar auf dem Balkon. Schon an den ersten warmen Tagen im Jahr kann man das Männchen singen und um ein Weibchen werben hören. Und schon Ende März beginnt das Weibchen zu brüten. Nach 14 Tagen schlüpfen die Jungen aus dem Ei.

Brut: zwei- bis dreimal im Jahr fünf bis sechs Jungtiere

Heranwachsen der Jungtiere

Drei Wochen lang werden die fünf bis sechs kleinen Amseln vor allem mit Regenwürmern und Schnecken gefüttert. Dann sind sie bereits ausgewachsen und flügge, obwohl sie nackt und blind auf die Welt gekommen sind, und können das Nest verlassen.

Noch ein paar Tage lang kümmern sich die Eltern um die Jungen, dann beginnen sie bereits bald wieder mit der nächsten Brut. Viele Eier und Jungvögel fallen allerdings Nesträubern, wie zum Beispiel Krähen und Elstern, zum Opfer, die sie direkt aus den Nestern holen.

Hunger!

Schon gewusst?

Die Melodien, die das Amselmännchen singt, um ein Weibchen zu finden, sind nicht alle gleich. Die Vögel ahmen oft auch den Gesang anderer Vögel oder sogar Geräusche aus der Umgebung nach.

Bald schlüpfen die Jungen aus den Eiern.

Vögel

Buntspecht

Lebensraum und Brutpflege
Der Buntspecht ist der häufigste Specht in Europa. Er lebt in Laub- und Nadelwäldern mit älteren Bäumen ebenso wie in Gärten und Parks. Im Frühling machen sich Männchen und Weibchen gemeinsam auf die Suche nach einem geeigneten Nistplatz.

Schon gewusst?
Spechte sind die einzigen Vögel, die sich ihre Höhlen selbst bauen können, indem sie sie mit dem Schnabel in den Baum hacken. Da sie häufig eine neue Höhle bauen, schaffen sie auch für andere Tiere gute Nistplätze – für Fledermäuse zum Beispiel.

Brut: einmal im Jahr vier bis sechs Jungtiere

Und wenn sie keinen Nistplatz finden, zimmern sie sich selbst eine bis zu 50 Zentimeter tiefe Höhle, die mit einem Teil der herausgehackten Holzspäne ausgepolstert wird. Die vier bis sieben Eier werden von beiden Partnern abwechselnd bebrütet. Nach zehn bis zwölf Tagen schlüpfen die Jungen aus.

Der kleine Specht hat Hunger.

Heranwachsen der Jungtiere
Die jungen Spechte werden drei Wochen von den Eltern gefüttert. Bei der Aufzucht der Jungen achten die Eltern sehr auf Sauberkeit und entfernen den Kot der Nestlinge aus dem Bau. Nach drei Wochen verlassen die Jungen die Höhle. Sie werden aber noch 14 Tage von den Eltern betreut.

Fütterungszeit!

Vögel

Eichelhäher

Lebensraum und Brutpflege

Der Eichelhäher lebt in Laub- und Mischwäldern mit dichtem Unterholz, aber auch in Parks und Gärten. Ab Februar beginnt er, sein Revier gegen andere Männchen zu verteidigen.

Die kleinen Eichelhäher haben Hunger.

Brut: einmal im Jahr fünf bis sechs Jungtiere

Im April baut das Eichelhäherpaar aus Stängeln, Heidekraut, kleinen Wurzeln und Reisig ein Nest, das sich meist nahe am Stamm oder in einer Astgabel in drei bis sechs Metern Höhe befindet. Es wird oft mit Erde abgedichtet und stets weich ausgepolstert.

Insgesamt legt das Weibchen fünf bis sechs Eier, die von beiden Eltern in 16 bis 17 Tagen ausgebrütet werden. Obwohl Eichelhäher bereits nach der ersten Eiablage mit dem Brüten beginnen, schlüpfen alle Jungen gleichzeitig.

Schon gewusst?

Eichelhäher lassen sich oft beim Brüten stören und verlieren dadurch die Eier. Sie bauen dann ein neues Nest und beginnen ein sogenanntes Nachgelege.

Ein junger Eichelhäher, der gerade das Nest verlassen hat.

Heranwachsen der Jungtiere

Die kleinen Eichelhäher kommen nackt und blind zur Welt. Sie werden von ihren Eltern mit Insekten und Würmern gefüttert. Nach etwa drei Wochen verlassen sie das Nest, bleiben aber zunächst noch auf Ästen in der Nähe sitzen, bis sie flügge sind. Erst mit sechs bis acht Wochen sind sie selbstständig.

Vögel

Feldlerche

Brut: zweimal im Jahr drei bis fünf Jungtiere

Lebensraum und Brutpflege

Die Feldlerche lebt auf weitgehend baumlosen Öd- und Heideflächen, auf Feldern und Wiesen. Als Bodenbrüter leidet sie besonders unter intensivem Landbau. Bereits Ende Februar finden die Paare zusammen. Zu diesem Zeitpunkt kannst du das Männchen auch bei seinen Balzflügen, die von einem herrlichen Gesang begleitet werden, beobachten.

Doch erst im April, wenn die Bodentemperaturen gestiegen sind, beginnen sie mit dem Nestbau und scharren eine sieben Zentimeter tiefe Mulde in den Boden, die nur lose mit Grashalmen und Blättern ausgelegt wird. Nach zwei Wochen schlüpfen die jungen Feldlerchen aus.

Futter für die Jungen!

Heranwachsen der Jungtiere

Nun kümmern sich Männchen und Weibchen um die Jungen. Bereits nach neun Tagen, während sie noch flugunfähig sind, verlassen sie das Nest.

> **Schon gewusst?**
> Als Bodenbrüter ist eine perfekte Tarnung für die Lerche besonders wichtig. Diese erreicht sie durch die karge Ausstattung ihres Nestes und die bräunlich gelbe Sprenkelung der Eier und ihres Gefieders. Das Nest ist nur schwer zu entdecken.

Eine circa zehn Tage alte Feldlerche

Bei der geringsten Bewegung verstecken sie sich und zeigen sich erst, wenn die Eltern mit dem Futter kommen. Nach drei Wochen sind sie selbstständig.

Vögel

Gartenrotschwanz

Lebensraum und Brutpflege
Der Gartenrotschwanz lebt bevorzugt in lichten Laubwäldern, Gärten und Parkanlagen. Er nistet in verlassenen Spechthöhlen, Mauerspalten und Nistkästen ebenso wie in Holzstapeln oder morschen Zaunpfählen.

Brut: ein- bis zweimal im Jahr fünf bis sieben Jungtiere

Schon gewusst?
Der Gartenrotschwanz ist der Vogel des Jahres 2011 und steht auf der Roten Liste gefährdeter Tierarten.

Das Nest aus dürrem Gras, trockenen Blättern und kleinen Wurzeln baut das Weibchen ab Mitte April ganz alleine und polstert es mit Haaren, Wolle und Federn aus. Dann legt es fünf bis sieben Eier. Erst nach der Ablage des letzten Eis beginnt es zu brüten. Nach etwa zwei Wochen schlüpfen die Jungen aus.

Heranwachsen der Jungtiere
Beide Eltern füttern nun die kleinen Gartenrotschwänze mit Spinnen und Insekten, am Anfang vor allem mit Schmetterlingen. Die kleinen Gartenrotschwänze sind zunächst nackt und blind. Doch schon nach zwölf bis 14 Tagen sind sie flügge und verlassen das Nest. Eine Woche lang werden sie noch von ihren Eltern gefüttert, bis sie gelernt haben, selbst Insekten zu fangen.

Ein junger Gartenrotschwanz hat das Nest verlassen.

Ein junger Rotschwanz

Basteln macht Spaß

Einen Nistkasten bauen

Wenn du Vögel beim Nisten beobachten und ihnen dabei helfen willst, kannst du ihnen einen Nistkasten bauen. Lass dir dabei am besten von einem Erwachsenen helfen!

Dazu benötigst du:

20 mm dicke Bretter (4 Bretter mit den Maßen 15 x 26 cm / 1 Brett mit den Maßen 15 x 15 cm / 1 Brett mit den Maßen 15 x 17 cm), Säge, Nägel (2–3 cm lang), 2 Scharniere mit Schrauben, 1 Riegel, Hammer

Und so gehts:

Säge zuerst vier Seitenteile zurecht, die je 15 Zentimeter breit und 26 Zentimeter lang sind. Der Boden sollte 15 mal 15 Zentimeter groß sein, der Deckel 15 mal 17 Zentimeter. Er bildet später ein kleines Vordach über dem Einflugloch. In eines der Seitenteile sägst du im oberen Drittel ein Flugloch von etwa drei Zentimetern Durchmesser.

Nagle nun die Seitenteile zu einem Kasten aneinander. Dann befestigst du den Boden von unten mit weiteren Nägeln. Der Deckel kommt zum Schluss: Setze ihn so auf den Kasten, dass er etwa zwei Zentimeter über das Einflugloch hinausragt.

Schraube ihn an einer Seite mit Scharnieren an dem Kasten fest. Auf der gegenüberliegenden Seite bringst du einen Riegel an. So kannst du ihn später zur Reinigung öffnen. Und fertig ist der Nistkasten! Bitte deine Eltern oder Großeltern, ihn in zwei bis drei Metern Höhe an einen Baum in eurem Garten zu hängen.

Im Nistkasten wachsen die Vogelkinder sicher heran.

Hilf Vögeln beim Nisten und baue einen Nistkasten!

Vögel

Hohltaube

Brut: zwei- bis dreimal im Jahr
zwei Jungtiere pro Brut

Lebensraum und Brutpflege

Die Hohltaube ist eine Verwandte unserer Stadt- und Haustaube, der sie sehr ähnlich sieht. Sie ist die einzige Höhlenbrüterin unter den Tauben. Sie lebt in Laubwäldern und offenen Parklandschaften mit alten Bäumen, da sie dort am ehesten geeignete Nistplätze findet. Bei der Futtersuche ist sie aber auch auf offenem Gelände zu beobachten.

Schon gewusst?

Da Hohltauben ihr Nest während der Brutzeit stark verschmutzen, ziehen sie für die zweite Brut in eine neue Nisthöhle um. Daher müssen benutzte Nistkästen regelmäßig gereinigt werden.

Ihre Balzzeit beginnt im Februar nach der Rückkehr aus dem Süden. Das Nest wird aus Reisig und Blättern gebaut. Das Weibchen legt zwei Eier hinein, aus denen nach 16 bis 18 Tagen die Jungen schlüpfen.

Heranwachsen der Jungtiere

Beim Brüten löst das Männchen das Weibchen zeitweise auf dem Nest ab. Und auch nach dem Schlüpfen bleibt während der ersten Woche immer ein Elternteil auf dem Nest. Zunächst werden die kleinen Tauben noch mit hochgewürgtem Futter, der Kropfmilch, gefüttert. Nach 20 bis 30 Tagen sind sie flügge.

Eine junge Hohltaube versteckt sich.

Vögel

Kuckuck

Lebensraum und Brutpflege

Der Kuckuck lebt sowohl im Wald als auch in Parks oder in offenem Gelände, wo es nur wenige Büsche und Bäume gibt. Wenn er aus seinem Winterquartier in Afrika zurück ist, legt er seine fünf bis sechs Eier in die Nester anderer Vögel – und zwar nur eines pro Nest.

Brut: einmal im Jahr fünf bis sechs Jungtiere

Der kleine Kuckuck schlüpft bereits nach zwölf Tagen aus. Dadurch ist es ihm möglich, die Eier der Pflegefamilie aus dem Nest zu werfen. Aber auch wenn die anderen Jungvögel bereits geschlüpft sind, haben sie meist keine Überlebenschance.

> **Schon gewusst?**
>
> Natürlich legt das Kuckucksweibchen seine Eier nicht in jedes beliebige Nest, denn die Eier müssen denen im fremden Gelege ganz ähnlich sehen. Zu seinen bevorzugten Pflegeeltern gehören der Teichrohrsänger und der Sumpfrohrsänger.

Der Teichrohrsänger zieht ein Kuckuckjunges auf.

Heranwachsen der Jungtiere

Die Pflegeeltern bringen nun nur für den jungen Kuckuck Nahrung herbei, der schon bald viel größer ist als sie. Nach drei Wochen verlässt er das Nest, wird aber noch drei weitere Wochen gefüttert.

Ein junger Kuckuck

Vögel

Meise

Lebensraum und Brutpflege
Blaumeisen und Kohlmeisen gehören zu unseren bekanntesten Vögeln. Sie leben am Waldrand, in Parks und in Gärten und sind ein häufiger Gast im winterlichen Futterhäuschen.

Brut: ein- bis zweimal im Jahr sieben bis zwölf Jungtiere

Ein Kohlmeisenjunges

Heranwachsen der Jungtiere
Wenn die Jungen geschlüpft sind, beginnt für die Eltern der Dauerstress. Die Jungen sind anfangs nackt und blind und müssen nun so viel fressen, dass sie nach knapp drei Wochen voll ausgebildet und flügge sind.

Ihre Nester bauen sie in Baumhöhlen und Nistkästen. Dort brüten sie meistens zweimal im Jahr zwischen April und Juli. Sie legen sieben bis zwölf Eier, bei der zweiten Brut etwas weniger. Bei Blaumeisen sind es sogar oft 14 Eier, aus denen nach zwei Wochen die Jungen schlüpfen.

 Vorsicht
Meisen während der Brutzeit zu füttern, hat keinen Sinn. Denn die Jungvögel brauchen zum Wachsen vor allem tierisches Eiweiß, also zum Beispiel Spinnen, Raupen, Blattläuse und Fliegen. Meisen können als Vertilger von Schädlingen im Garten sehr hilfreich sein.

Die Blaumeisenmutter füttert ihr Junges.

In den letzten Tagen kommen sie beim Füttern bis ans Einflugloch hoch, sodass man sie gut beobachten kann. Nach dem Ausfliegen werden sie noch weitergefüttert, aber sie verteilen sich bald in der näheren Umgebung, um nicht so leicht entdeckt zu werden.

Vögel

Schleiereule

Brut: ein- bis zweimal im Jahr vier bis sechs Jungtiere

Im Februar und März beginnt die Balzzeit, danach legt das Weibchen im Abstand von zwei Tagen vier bis sechs Eier ab und beginnt sofort zu brüten. Nach etwa 30 Tagen schlüpfen die Jungen.

Schon gewusst?

Mäuse und Spitzmäuse sind der Hauptbestandteil der Nahrung von Schleiereulen. In Jahren mit einem hohen Mäusebestand brüten sie oft noch ein zweites Mal. Wenn es wenige Mäuse gibt, verzichten sie ausnahmsweise auch ganz auf das Brüten.

Lebensraum und Brutpflege

Schleiereulen gehören zu den häufigsten Eulenarten in Europa. Sie brauchen freies Gelände zum Jagen und leben recht nahe bei den Menschen. Ihre Nester bauen sie gerne in Scheunen, auf dem Dachboden oder in Kirchtürmen.

Schleiereulenkinder in ihrem Nest

Ein zehn Tage altes Schleiereulenweibchen

Heranwachsen der Jungtiere

Da die Schleiereulen meist gar kein richtiges Nest bauen, kuscheln sich die Jungen, die ein weißes flauschiges Daunenkleid tragen, gerne zusammen. Die kleinen Eulen werden sechs Wochen lang von ihren Eltern gefüttert. Dann verlassen sie den Nistplatz. Nach drei Monaten sind sie selbstständig.

Vögel

Schwalbe

Lebensraum und Brutpflege
Schwalben nisten am liebsten in der Nähe von Kühen, Schafen oder anderen Tieren.

Brut: zwei- bis dreimal im Jahr vier bis fünf Jungtiere pro Brut

Schon gewusst?
Wenn sich die Schwalben im Herbst auf den Stromleitungen zum Abflug in den Süden sammeln, kann man die Jungvögel an den viel kürzeren Schwänzen erkennen. Achte einmal darauf!

Dieses kleben sie mit ihrem Speichel direkt unter einem Haus- oder Stalldach an die Wand. Dann polstern sie es innen weich aus. Dort legt das Weibchen vier bis fünf Eier. Nach 14 bis 18 Tagen schlüpfen die Jungen aus.

Denn ihre Hauptnahrung besteht aus Fliegen und Mücken, die sie im Flug fangen. Wenn sie im Frühling aus dem Süden zurückkommen, bauen Männchen und Weibchen innerhalb von fünf bis neun Tagen gemeinsam ein festes, halbkugelförmiges Nest aus feuchten Erdklumpen, die sie in Pfützen sammeln.

... und die Mutter bringt Futter.

Heranwachsen der Jungtiere
Da die Schwalben ihre Nester an Stellen bauen, wo sie vor jedem Feind geschützt sind, müssen sie beim Füttern nicht vorsichtig sein. Darum kann man gut beobachten, wie die kleinen Schwalben ihren Eltern die Schnäbel entgegenstrecken. Nach 18 bis 22 Tagen sind sie flügge und schon bald beginnen die Eltern mit der nächsten Brut.

Die kleinen Schwalben haben Hunger ...

Vögel

Turmfalke

Lebensraum und Brutpflege

Der Turmfalke lebt hauptsächlich im Gebirge oder an Waldrändern. Er ist aber auch oft über den Feldern am Ortsrand oder sogar in Städten zu beobachten, wo er in Scheunen, in Kirchtürmen oder auch auf Hochhäusern nistet.

**Brut: einmal pro Jahr
drei bis sechs Jungtiere**

Die kleinen Turmfalken haben ein flauschiges Fell.

Im März beginnen die Turmfalken mit der Balz und zeigen dem Weibchen den vorbereiteten Nistplatz, der sich oft in einer kleinen Mauernische oder in einem Felsvorsprung befindet. Dort legt das Weibchen drei bis sechs Eier, aus denen nach etwa vier Wochen die Jungen schlüpfen.

Schon gewusst?

Falken bauen keine richtigen Nester (Horste), sondern legen ihre Eier meist in Felsspalten, in Steinbrüchen oder auf Mauervorsprüngen ab. Manchmal nutzen sie aber auch die verlassenen Nester anderer Vögel, zum Beispiel Krähen, Elstern oder Tauben.

Heranwachsen der Jungtiere

Die ersten Tage über bleibt das Weibchen bei den frisch geschlüpften Jungen und verteilt an sie kleine Stückchen der Beute, die das Männchen herbeiträgt. Danach gehen beide Eltern auf die Jagd. Nach etwa vier Wochen haben die kleinen Falken, die zunächst ein weiches weißes Daunenkleid tragen, ihr richtiges Gefieder und verlassen das Nest.

Ein junger Turmfalke lernt das Fliegen.

Vögel

Weißstorch

Brut: einmal pro Jahr
drei bis fünf Jungtiere

Oft müssen sie um ihr Nest hart kämpfen. Wenn das Weibchen kommt, richten sie es gemeinsam her. Dann brüten beide gemeinsam, bis nach 32 bis 33 Tagen die Jungen ausschlüpfen.

Schon gewusst?
Bei uns bauen die Störche ihre Nester auf Kirchtürmen, Hausdächern oder Schornsteinen. In Südeuropa brüten die Störche dagegen meist auf Bäumen.

Lebensraum und Brutpflege
Störche sind Zugvögel und verbringen den Winter meistens in Afrika. Sie brauchen in ihrer Umgebung weite Gebiete mit feuchten Wiesen und Wasserflächen. Im Frühjahr kommen die männlichen Störche vor den Weibchen in ihr Brutgebiet zurück. Sie besetzen gleich nach ihrer Rückkehr einen Nistplatz, meistens den gleichen wie im Vorjahr.

Störche nisten oft auf Schornsteinen.

Ein Storchenjunges

Heranwachsen der Jungtiere
Zwei Monate lang werden die jungen Störche von ihren Eltern hauptsächlich mit Fröschen, in trockenen Jahren mit Heuschrecken und Mäusen, gefüttert und mit Wasser versorgt. Dann verlassen sie das Nest und erkunden mit ihren Eltern die Gegend, bis sie zwei Wochen später selbstständig sind.

Insekten

Marienkäfer

Lebensraum und Eiablage
Marienkäfer sind auf Wiesen, in Parks und Gärten, aber auch am Waldrand zu finden. Sie legen von April bis Mai etwa 400 Eier an der Blattunterseite von Pflanzen ab, an denen ihre Lieblingsnahrung – die Blattläuse – besonders häufig vorkommt. Nach fünf bis acht Tagen schlüpfen die Larven aus.

Eiablage: von April bis Mai etwa 400 Eier

Schon gewusst?
Es gibt viele Marienkäferarten, die sich durch ihre Farbe und die Zahl der Punkte unterscheiden. Die Larven haben oft das gleiche Farbmuster. Es gibt also schwarze Larven mit roten oder gelben Punkten ebenso wie rote und gelbe Larven mit schwarzen Punkten.

lich, gerippt und haben viele kleine Borsten auf ihrem Rücken. Sofort nach dem Schlüpfen beginnen sie zu fressen, täglich über 100 Blattläuse.

Um wachsen zu können, müssen sie sich alle paar Tage häuten. Nach ein paar Wochen verpuppen sie sich und verwandeln sich innerhalb einer Woche in die fertigen Käfer. Die Entwicklung vom Ei bis zum Käfer dauert 30 bis 60 Tage.

Heranwachsen der Jungtiere
Die Marienkäferlarven werden bis zu einem Zentimeter groß. Sie sind läng-

Eine Marienkäferlarve

Ein Marienkäfer bei der Eiablage

Insekten

Honigbiene

Eiablage: April bis Anfang Oktober bis zu 2000 Eier pro Tag

Lebensraum und Eiablage
Bienen gibt es überall, wo es Blüten gibt. Für die Honigproduktion ist die Honigbiene zuständig, die den Honig aus Nektar als Wintervorrat und als Futter für die Jungtiere herstellt. In einem Bienenstock leben oft mehr als 40.000 Tiere, von denen jedes seine bestimmte Aufgabe hat. Jeder Bienenstock hat eine Königin, die das einzige fruchtbare Weibchen ist. Sie legt jeden Tag bis zu 2000 Eier, aus denen schon bald kleine weiße Maden ausschlüpfen.

Imker mit Waben, in denen die Bienen leben

In den Waben kannst du weiße, glänzende Maden erkennen.

Heranwachsen der Jungtiere
Die Maden, von denen sich jede in einer eigenen Wabe befindet, werden eine Woche lang gefüttert und häuten sich viermal. Dann verpuppen sie sich und die Wabe wird verschlossen. Nach zwei Wochen schlüpfen die erwachsenen Bienen aus.

▌ Schon gewusst?

Normalerweise entstehen nur weibliche Bienen, die als Arbeiterinnen am meisten gebraucht werden. Im Juni kommen auch Männchen (Drohnen) und Königinnen zur Welt. Die Drohnen entstehen aus unbefruchteten Eiern. Die Königinnen bekommen ein besonderes Futter, das Gelee Royale.

Insekten

Hummel

Eiablage: März bis Herbst einige 100 Eier

Heranwachsen der Jungtiere
Die Larven werden mit Pollen und Nektar ernährt. Sie häuten sich einige Male, bevor sie sich dann verpuppen und als Arbeiterinnen, also unfruchtbare Weibchen, ausschlüpfen. Von nun an kann sich die Königin ganz auf das Eierlegen konzentrieren, während das Sammeln von neuen Pollen und die Brutpflege von den Arbeiterinnen übernommen werden.

... um die Larven in den Waben zu füttern.

Lebensraum und Eiablage
Hummelköniginnen bauen jedes Jahr ein neues Nest. Denn sie sind die einzigen des ganzen Hummelvolkes, die den Winter überleben.

Ihr bevorzugter Nistplatz sind verlassene Mäuselöcher. Die Königin wurde bereits im vorhergehenden Herbst befruchtet. Zunächst baut sie nun ein wabenförmiges Behältnis aus Wachs, das sie mit einer Mischung aus Nektar und Pollen füllt, auf die sie einige Eier legt, aus denen bereits nach einigen Tagen die Larven schlüpfen.

Die Arbeiterinnen sammeln die Pollen, ...

Ende des Sommers schlüpfen auch Männchen und fruchtbare Weibchen aus den Eiern, die sich paaren und aus denen die neuen Königinnen werden.

Schon gewusst?
Hummeln bauen Nester mit 50 bis 600 Hummeln, die als Staat mit einer Königin, zahlreichen Arbeiterinnen und vielen Männchen organisiert sind.

Insekten

Wespe

Lebensraum und Eiablage

Wie bei den Bienen gibt es auch bei den Wespen Staaten bildende Arten. Zu ihnen gehören die Echten Wespen und die Hornissen, die ihre Nester oft in der Nähe von (Obst-)Gärten und Häusern bauen. Die einzigen Wespen, die den Winter überleben, sind die jungen Königinnen.

Eiablage: April bis Spätsommer jeweils zehn bis 20

> **Schon gewusst?**
> Auch wenn die Wespen von Obstkuchen und Saft angelockt werden, sind doch nur die erwachsenen Tiere Pflanzenfresser. Für die Aufzucht ihrer Jungen brauchen sie Fleisch und statt Fliegen bringen sie gerne mal ein Stückchen Schinken nach Hause.

Die Paarung erfolgt deshalb schon im Herbst. Zu Beginn des Frühjahrs beginnt die Königin mit dem Bau eines neuen Nestes. Sobald die ersten Waben fertig sind, legt sie in ihnen zehn bis 20 Eier ab, aus denen nach kurzer Zeit die Larven schlüpfen.

In dem Nest liegen die Larven in den Waben.

Heranwachsen der Jungtiere

Um die ersten Jungen kümmert sich die Königin selbst und füttert sie mit zerkauten Insekten. Nach drei Wochen verpuppen sie sich und nach weiteren drei Wochen schlüpfen sie als Arbeiterinnen. Von nun an übernehmen sie alle Arbeiten, sodass sich die Königin ganz der Eiablage widmen kann.

So sieht ein Wespennest von außen aus.

Basteln macht Spaß

Nisthilfe für Insekten

Viele Insekten sind bedroht, da wir Menschen ihre Lebensräume zerstören. Einigen von ihnen kannst du beim Nisten helfen, zum Beispiel Wildbienen oder Wespen, die nicht in Staaten leben.

Du kannst selbst Nisthilfen für Insekten bauen. In der Natur benutzen sie vorhandene Käferbohrgänge in alten Bäumen. Die folgende Anleitung für ein „Insektenhotel" ist sehr einfach und du kannst leicht selbst ein Modell anfertigen.

Dazu benötigst du:

Mehrere Stängel von zum Beispiel Brombeere, Bambus oder Holunder, die einen Winter über trocknen müssen, eine saubere Konservendose, eine Gartenschere und eine feste Schnur

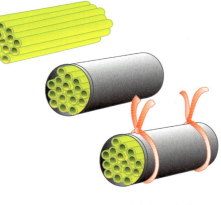

Und so gehts:

Die markhaltigen Stängel von Brombeeren eignen sich gut für den Bau von Nisthilfen. Schneide sie im Herbst mit der Gartenschere ab. Da sie noch weich sind, kannst du sie gleich auf die Länge einer Konservendose kürzen; sie sollen nur ein wenig aus der Dose herausschauen. Lass die Stängel den Winter über trocknen.

Im Frühling füllst du die Dose dicht mit den Stängeln und bindest die Schnur zum Aufhängen fest um die Dose, sodass diese nicht herausfällt. Das Mark nagen die Insekten selbst aus. Hänge deine Nisthilfe in Richtung Südosten auf, damit sie morgens und mittags Sonne bekommt – das mögen Insekten!

Insekten

Kleiner Fuchs

Eiablage: ab April
100 Eier

Lebensraum und Eiablage

Der Kleine Fuchs überwintert als Schmetterling auf Dachböden oder in Scheunen. Er ist einer der ersten Schmetterlinge, die man im Frühling zu sehen bekommt. Er ernährt sich vom Nektar verschiedener Pflanzen, bevor er sich paart.

Das Weibchen legt kurz darauf etwa 100 grünliche Eier in Häufchen auf die Unterseite seiner Hauptfutterpflanze, der Brennnessel, ab. Nach wenigen Tagen schlüpfen die Raupen und beginnen zu fressen.

Schon gewusst?

Schmetterlinge machen eine vollständige Metamorphose durch, die aus vier Entwicklungsstadien besteht: Ei – Raupe – Puppe – Falter.

Heranwachsen der Jungtiere

Die Raupen des Kleinen Fuchses sind schwarz mit langen, gelben Streifen. Zunächst fressen sie im Schutz eines Gespinstes, das sie gemeinsam weben. Später verteilen sie sich über die ganze Brennnesselgruppe. Dort sind sie auch oft in Gemeinschaft mit den vollstän-

Der Kleine Fuchs im Raupenstadium

dig schwarzen Raupen des Tagpfauenauges anzutreffen. Nach 30 Tagen verpuppen sich die Raupen, nach zwei Wochen schlüpfen die fertigen Falter.

Der Kleine Fuchs im Puppenstadium

Insekten

Motte

**Eiablage: ganzjährig
200 bis 400 Eier**

Lebensraum und Eiablage
Weltweit gibt es Tausende von Mottenarten. Wenn wir von Motten sprechen, denken wir meist an die Kleidermotte oder die Getreidemotte. Die kleinen grauen bis bräunlichen Falter können selbst nichts fressen und leben nur eine kurze Zeit.

Die Motten legen ihre 200 bis 400 Eier direkt in die Nahrungsquelle oder in ihre unmittelbare Umgebung, wo die Raupen nach kurzer Zeit schlüpfen.

Heranwachsen der Jungtiere
Die kleinen Raupen sind äußerst gefräßig. Je nach Art fressen sie sogar so unverdaulich erscheinende Dinge wie Teppichfasern, Wollfäden oder auch die Haare eines Pelzmantels. Dabei genügt ihnen die wenige Feuchtigkeit, die in dem Futtermaterial enthalten ist, als einzige Flüssigkeitsquelle.

Schon gewusst?
Die Raupen sind zunächst so winzig, dass sie sogar durch die Poren von verschlossenen Lebensmitteltüten – wie etwa die Verpackung von Nudeln – dringen können.

Wenn die Raupen etwa einen Zentimeter groß sind, verlassen sie ihre Nahrungsquelle, verpuppen sich und schlüpfen nach einer Woche als Motte aus. Die erwachsenen Motten leben bis zu zwei Wochen.

Reptilien

Ringelnatter

Lebensraum und Eiablage
Die Ringelnatter ist eine ungiftige Schlange, die vor allem in der Nähe von Gewässern vorkommt. Nach der Paarung im April oder Mai dauert es noch etwa zwei Monate bis zur Eiablage.

Zunächst sucht das Weibchen nach einem geeigneten Eiablageplatz, an dem es wärmer sein soll als in seiner Umgebung. Die entsprechende feuchtwarme Temperatur herrscht meist in Haufen von verfaulenden Blättern oder Schilf, in Kompost-, Mist- und Heuhaufen. Dorthinein legt das Weibchen zehn bis 30 Eier, aus denen nach vier bis zehn Wochen die Jungen schlüpfen.

Eiablage: ab Ende Juli zehn bis 30 Eier

Heranwachsen der Jungtiere
Anfangs sind die kleinen Ringelnattern 15 bis 20 Zentimeter groß und ernähren sich von Molchlarven, Kaulquappen und Jungfröschen. Bei guten Futter- und Wetterbedingungen wachsen sie jedes Jahr etwa zehn Zentimeter, bis sie ihre endgültige Größe erreicht haben. Mit drei Jahren werden die Männchen geschlechtsreif, ein Jahr später die Weibchen.

Die Ringelnatter legt ihre Eier gerne in Komposthaufen ab.

Schon gewusst?
Bei der Paarung, die oft mehrere Stunden dauert, werben manchmal etwa 20 Männchen gleichzeitig um ein Weibchen. Ringelnattern bekommen nicht in jedem Jahr Junge.

Reptilien

Eidechse

Eiablage: Mai bis Juni
fünf bis zehn Eier

Lebensraum und Eiablage
Die häufigste bei uns lebende Eidechsenart ist die Zauneidechse, die oft an steinernen Mauern in Gartenanlagen zu beobachten ist. Die Paarungszeit ist Ende April bis Mitte Juni. Nach der Paarung gräbt das Weibchen ein Loch in den Boden, in das es etwa fünf bis zehn Eier ablegt. Diese überlässt es daraufhin sich selbst. Nach zwei Monaten schlüpfen die Jungen aus.

Heranwachsen der Jungtiere
Die winzigen Eidechsen sind von Anfang an vollständig ausgebildet und müssen sich ganz alleine versorgen.

Ein Zauneidechsenkind

Während die Jungtiere auf die Jagd nach Insekten gehen, sind sie auch selbst eine beliebte Beute. Deshalb halten sie sich meist unter Blättern oder in Mauerritzen versteckt und sind nur schwer zu entdecken.

Schon gewusst?
Obwohl die Eidechse wie alle Reptilien auf Wärme von außen angewiesen ist, gibt es auch eine Art, die im Norden bis zum Polarkreis vorkommt: die Waldeidechse. Wegen der niedrigen Temperaturen könnten sich ihre Eier im Boden nicht entwickeln. Deshalb bringt sie ihre Jungen lebend zur Welt.

Das Weibchen kommt aus dem Unterschlupf, wo es die Eier abgelegt hat.

Spinnentiere

Gartenkreuzspinne

Lebensraum und Eiablage

Die Gartenkreuzspinne bevorzugt hoch bewachsene Streuobstwiesen, ist aber auch an Waldrändern, Hecken und in Nadelwäldern oder Gärten zu finden. Die Paarungszeit beginnt im August. Das Männchen kündigt seine Anwesenheit durch ein vorsichtiges Zupfen mit seinem Werbefaden am Netz des Weibchens an.

Eiablage: im Herbst mehrere 100 Eier

Die Paarung findet am Rand des Netzes statt und dauert nur wenige Sekunden. Wenn sich das Männchen nicht sofort aus dem Staub macht, wird es zum Paarungsabschluss gefressen. Im Herbst legt die Spinne dann ihre Eier in einem besonders fein gesponnenen Kokon ab und stirbt. Erst im nächsten April oder Mai schlüpfen die Jungspinnen aus.

Die Paarung findet am Rand des Netzes statt.

Heranwachsen der Jungtiere

Die kleinen Kreuzspinnen, die zunächst nur eine Größe von einem Millimeter haben und gelblich bis orange gefärbt sind, leben nun in einer Gemeinschaft zusammen. Sie müssen noch einmal überwintern, bevor sie selbst geschlechtsreif sind und sich fortpflanzen können.

Junge Gartenkreuzspinnen

Schon gewusst?

Kreuzspinnen gibt es in mehreren hundert verschiedenen Arten auf der ganzen Welt. Bei uns gibt es zehn Arten. Die Gartenkreuzspinne ist eine ziemlich häufige Art und du kannst sie daher leicht beobachten.

Schnecken

Weinbergschnecke

Lebensraum und Eiablage
Die Weinbergschnecken leben auf Wiesen, in Hecken und an Waldrändern. Kurz nach dem Winterschlaf senden sie Duftstoffe aus, um andere Schnecken anzulocken.

Eiablage: ab Mai
40 bis 60 Eier

Weinbergschnecken bei der Paarung

Dann beginnt ein kompliziertes Liebesspiel. Sie stechen sich den Liebespfeil, einen Kalkstachel, in die Unterseite und richten sich dann mehrere Stunden lang aneinander auf. Für die Eiablage, die erst bei günstigem Wetter stattfindet, graben sie eine Grube, die sie danach mit Erdklümpchen verschließen. Nach etwa 25 Tagen schlüpfen die Jungtiere.

Schon gewusst?
Die Weinbergschnecke ist ein Zwitter, also Männchen und Weibchen zugleich. Das hat bei ihrer langsamen Fortbewegung den Vorteil, dass sie nicht auf einen Artgenossen mit dem richtigen Geschlecht warten muss.

Heranwachsen der Jungtiere
Nach etwa 14 Tagen schlüpfen dann winzige Babyschnecken. Ihr Haus ist anfangs noch weich und bildet später die Spitze des mitwachsenden Hauses.

Die ersten Tage verbringen sie in der Bruthöhle und fressen in dieser Zeit die Reste der Eier auf. Später ernähren sie sich ausschließlich von Pflanzen, die sie mit ihrer raspelartigen Zunge zerkleinern.

Tierkinder unter der Erde

Säugetiere

Dachs

Lebensraum und Geburt
Dachse sind Dämmerungs- und Nachttiere und sehr scheu. Sie leben in Großfamilien von bis zu 30 Tieren in einem unterirdischen Bau im Wald. Die Paarungszeit der Dachse ist im Hochsommer. Erst nach dem Winter, im Februar oder März, bringt das Weibchen zwei bis fünf Junge zur Welt, die anfangs noch blind und völlig hilflos sind.

zwei bis fünf Jungtiere im Jahr
Kinderstube: Familienbau

Heranwachsen der Jungtiere
Die kleinen Dachse haben zunächst ein ganz weißes Fell. Die typischen schwarzen Streifen am Kopf und das grauschwarze Körperfell zeigen sich erst später. Sie werden mehr als zwei Monate lang gesäugt.

Nach vier bis fünf Wochen öffnen sie die Augen. Im Alter von zwei Monaten verlassen sie erstmals zusammen mit der Mutter den Bau. Die Mutter kümmert sich bis zum Herbst um die Jungen, manchmal sogar bis zum nächsten Frühjahr.

Schon gewusst?
Die Tragzeit dauert sieben bis acht Monate, wobei sich die Jungen aber erst nach mehreren Monaten im Bauch der Mutter zu entwickeln beginnen.

... und hält Ausschau.

Der junge Dachs verlässt den Bau ...

Säugetiere

Feldhamster

Lebensraum und Geburt

Der Feldhamster hat etwa die Größe eines Meerschweinchens. Er lebt als Einzelgänger in Sand-, Löss- und Lehmböden, in denen er weitverzweigte Baue mit Wohnhöhlen und Vorratskammern anlegt. Männchen und Weibchen begegnen sich nur während der Paarungszeit zwischen Mai und August. Kurz nach der Paarung trennt sich das Männchen dann wieder vom Weibchen. Nach einer Tragzeit von 20 bis 24 Tagen kommen schließlich die Jungen in der ausgepolsterten Höhle ihres Baues auf die Welt.

2-mal im Jahr 3 bis 6 Junge
Kinderstube: Erdhöhle

Schon gewusst?

Der bei uns ansässige Feldhamster stammt ursprünglich aus den westasiatischen Steppenlandschaften. Meist wohnt er unter Getreidefeldern und ernährt sich von Samen, Körnern und Wurzeln.

Heranwachsen der Jungtiere

Die kleinen Hamster sind bei ihrer Geburt nackt und blind und wiegen nur sieben oder acht Gramm. Etwa einen Monat lang werden sie von ihrer Mutter gesäugt, dann müssen sie selbstständig werden.

Bereits im Alter von zehn bis zwölf Wochen werden Hamster geschlechtsreif. Doch da die Paarungszeit bereits vorbei ist, werden sie erst im zweiten Lebensjahr zum ersten Mal trächtig.

Ein Hamster muss ganz schnell selbstständig werden.

Säugetiere

Feldmaus

Lebensraum und Geburt
Die Feldmaus lebt auf Äckern und Wiesen und ernährt sich von Gräsern, Kräutern, Getreide, Rüben und Klee. Sie gehört zu den Wühlmäusen und baut dicht unter der Erdoberfläche weitverzweigte Gang- und Höhlensysteme. Die Nestkammern liegen einen halben Meter tiefer.

mehrmals im Jahr 4 bis 12 Junge
Kinderstube: Höhlen unter der Erde

Die Babys kommen nackt auf die Welt.

Feldmäuse können das ganze Jahr über Junge bekommen, da sie keinen Winterschlaf halten. Nach einer Tragzeit von knapp drei Wochen bringen sie vier bis zwölf Junge pro Wurf zur Welt. Eine Feldmaus hat bis zu sieben Würfe im Jahr.

Heranwachsen der Jungtiere
Die kleinen Mäuse sind nackt und blind. Am elften Tag öffnen sie die Augen. Bereits mit zwölf bis 14 Tagen sind die kleinen Mäuse geschlechtsreif. Und tatsächlich werden sie meistens schon trächtig, während sie noch gesäugt werden.

Dieses Feldmauskind ist etwas älter und hat bereits Fell.

Schon gewusst?
Der Bestand an Feldmäusen schwankt stark. In regelmäßigen Abständen gibt es Massenvermehrungen, die große Schäden in der Landwirtschaft anrichten. Durch den entstehenden Nahrungsmangel verhungern dann aber viele Tiere, sodass sich ihre Zahl bald wieder normalisiert.

Säugetiere

Fuchs

drei bis sechs Junge im Jahr
Kinderstube: Wohnkessel

Schon gewusst?
Die Füchsin wird meist von mehreren Männchen gedeckt, ihre Welpen stammen daher oft von unterschiedlichen Vätern.

Lebensraum und Geburt
Der Fuchs lebt bevorzugt in Wäldern und in Heckenlandschaften, ist aber auch in der Nähe des Menschen in Gärten und Parks anzutreffen. In freier Wildbahn bewohnt er über viele Generationen hinweg den gleichen Bau. Dieser besteht aus dem Haupteingang, dem Wohnkessel und mehreren Fluchtröhren.

Seine Paarungszeit, die Ranzzeit, beginnt Ende Dezember und wird durch den intensiven ranzigen Geruch der Füchsin ausgelöst. Sieben Wochen nach der Paarung bringt die Füchsin drei bis sechs – selten bis zu 13 – Junge zur Welt.

Geschwisterliebe

Heranwachsen der Jungtiere
Bei ihrer Geburt sind die Welpen blind, behaart und haben die Größe eines Maulwurfs. Nach zwei Wochen öffnen sie die Augen. Im Alter von vier bis sechs Wochen werden sie von der Mutter entwöhnt. Obwohl sie mit vier Monaten selbstständig und mit zehn Monaten geschlechtsreif werden, bleiben sie ein ganzes Jahr bei ihrer Mutter, bevor sie sich auf die Suche nach einem neuen Revier machen.

Der kleine Fuchs schaut aus seinem Bau.

Säugetiere

Kaninchen

5- bis 7-mal im Jahr 4 bis 5 Junge
Kinderstube: Gemeinschaftsbau

Jahr jeweils vier oder fünf Junge zur Welt. Aber sogar Würfe mit bis zu 15 Jungen kommen ab und zu vor.

Schon gewusst?

Schon im Alter von drei bis vier Monaten können die Kaninchen selbst Junge bekommen. 25 bis 30 Junge im Jahr sind dabei für ein Kaninchenweibchen keine Seltenheit. Kaninchen leben oft auch in Parks, sodass du sicher schon einmal eines beobachten konntest.

Lebensraum und Geburt

Kaninchen leben in offenem Gelände, wie zum Beispiel Waldlichtungen, mit trockenem, sandigem Boden. Im Gegensatz zu Hasen sind sie gesellige Tiere, die unterirdische Baue anlegen, in denen sie gemeinsam wohnen und auch eine gemeinsame Kinderstube haben.

Die Kaninchen bringen nach einmonatiger Tragzeit fünf- bis siebenmal im

Heranwachsen der Jungtiere

Da die Kaninchen nackt und blind zur Welt kommen, müssen sie lange umsorgt werden. Das machen die Kaninchenweibchen gemeinsam. Nach zehn Tagen können die Jungen sehen. Eine Woche später verlassen sie den Bau erstmals zum Spielen. Sie werden insgesamt drei Wochen lang gesäugt. Mit vier bis fünf Wochen sind sie selbstständig.

Junge Wildkaninchen

Säugetiere

Maulwurf

zwei bis sieben Jungtiere im Jahr
Kinderstube: Nesthöhle

Lebensraum und Geburt

Der Europäische Maulwurf lebt als Einzelgänger unter der Erde, und zwar unter Wiesen, Weiden und lichten Waldböden. Dort legt er weitverzweigte Gänge an. Maulwürfe halten keinen Winterschlaf. Ihre Paarungszeit beginnt im Februar und dauert bis Mai.

Nun legen sie in ihrem unterirdischen Gängesystem einen Mutterbau an, in dem sich auch das mit Gräsern und Blättern ausgepolsterte Nest befindet.

Babymaulwürfe

Nach einer Tragzeit von vier Wochen bringt das Weibchen zwei bis sieben Junge zur Welt.

Sobald der junge Maulwurf selbstständig ist, sucht er sich Regenwürmer.

Heranwachsen der Jungtiere

Die kleinen Maulwürfe kommen nackt und blind zur Welt. Doch schon nach zwei Wochen haben sie eine feine Fellschicht. Nach drei Wochen öffnen sich ihre Augen. Sie werden ungefähr fünf Wochen lang gesäugt, dann sind sie so selbstständig, dass sie das Nest verlassen können. Ende des ersten Lebensjahres werden die Maulwürfe geschlechtsreif und pflanzen sich ab dem zweiten Lebensjahr fort.

Schon gewusst?

Der Europäische Maulwurf ist die einzige bei uns heimische Maulwurfsart. Er lebt dort, wo es genügend Regenwürmer in der Erde gibt, denn diese bilden 90 Prozent seiner Nahrung.

Säugetiere

Murmeltier

Lebensraum und Geburt
Das Murmeltier lebt im Hochgebirge. Mehrere Familien bilden zusammen eine Gemeinschaft mit verzweigten Wohnhöhlen. Die Höhlen bestehen aus einem fünf bis zehn Meter langen Hauptgang, Nebengängen und verschiedenen Kammern, die bis zu drei Meter tief in die Erde führen. Der Boden ist mit Heu bedeckt. Zwei Wochen nach dem sechsmonatigen Winterschlaf beginnen die Murmeltiere mit der Paarung und bringen nach etwa einem Monat bis zu sechs Junge zur Welt.

zwei bis sechs Jungtiere im Jahr
Kinderstube: Wohnhöhlen

Heranwachsen der Jungtiere
Die Jungen wiegen zuerst nur 30 Gramm und sind nackt, taub und blind. Durch die fettreiche Milch des Murmeltierweibchens haben sie bereits zwei Wochen später die Größe einer Ratte. Nach 35 bis 40 Tagen verlassen sie erstmals ihren Bau und beginnen sofort, Gras zu fressen.

Vor dem ersten Winterschlaf wiegen sie ein bis eineinhalb Kilogramm, ein Jahr später sind es zwei bis drei Kilogramm. Im dritten Jahr sind sie ausgewachsen.

Das Murmeltierkind verlässt den Bau ...

... und frisst sofort Gras.

Schon gewusst?
Murmeltiere bleiben das ganze Leben mit ihrem Partner zusammen. Die Weibchen werden mit drei Jahren geschlechtsreif und bekommen nur alle zwei Jahre Junge.

Säugetiere

Wiesel

fünf bis sechs Jungtiere im Jahr
Kinderstube: verlassene Baue

Lebensraum und Geburt

Wiesel leben einzelgängerisch in lichten Laub- und Mischwäldern, Gärten und Parks. Sie halten sich am liebsten in verlassenen Bauen und Gängen von Maulwürfen, Hamstern oder Mäusen auf.

Während der Paarungszeit im Frühling und Sommer wechseln die Männchen in die Reviere der Weibchen. Die Weibchen werden erst im Winter trächtig und bringen im nächsten Frühjahr fünf bis sieben Junge zur Welt.

Heranwachsen der Jungtiere

Die kleinen Wiesel sind anfangs noch blind und winzig klein. Sie wiegen nur drei Gramm und haben ein ganz feines Haarkleid. Die Mutter kümmert sich meistens allein um ihre Jungen. Sieben Wochen lang säugt sie ihren Nachwuchs. Nach kurzer Zeit gibt sie den jungen Wieseln auch kleine Stückchen Fleisch dazu. Danach versorgt sie sie ausschließlich mit Fleisch. Im Alter von drei Monaten haben die Jungtiere ihr normales Fell und können die Mutter auf ihren Streifzügen begleiten. Mit vier bis fünf Monaten sind sie selbstständig.

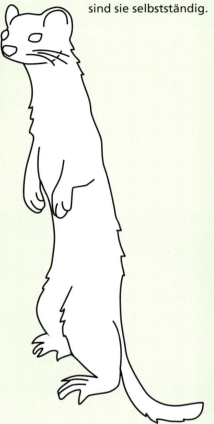

Schon gewusst?

In Mitteleuropa gibt es zwei Arten, die man gewöhnlich als Wiesel bezeichnet: das Mauswiesel und das Großwiesel oder Hermelin, das vor allem wegen seines weißen Winterfells mit der schwarzen Schwanzspitze bekannt ist und zur Pelzherstellung begehrt war.

Insekten

Hirschkäfer

Eiablage: ab Mai
20 Eier

Lebensraum und Eiablage
Der Hirschkäfer bewohnt Eichen- und Buchenwälder, in denen genügend abgestorbene Bäume vorhanden sind. Die Paarungszeit beginnt im Mai. Dabei kommt es zu heftigen Kämpfen zwischen den Männchen, bei denen sie versuchen, ihren Gegner mit den Greifzangen zu packen und auf den Rücken zu werfen.

Nach der Paarung legt das Weibchen 20 bis 30 Eier – ausnahmsweise auch mehr als 50 Eier – bis zu 30 bis 100 Zentimeter tief zwischen die Wurzeln von Bäumen, die bereits morsch sind. Nach zwei bis drei Wochen schlüpfen aus ihnen die Larven.

Zwei Männchen kämpfen um ein Weibchen.

Heranwachsen der Jungtiere
Bis sich die Larven zum Käfer verwandeln, vergehen drei bis fünf Jahre. In dieser langen Zeit ernähren sich die Larven von vermoderndem Holz. Sie erreichen eine Größe von bis zu zehn Zentimetern. Nach der Verpuppung im Waldboden schlüpfen sie schließlich als Käfer. Die erwachsenen flugfähigen Hirschkäfer überleben jedoch nur wenige Wochen.

> **Schon gewusst?**
> Der Oberkiefer des erwachsenen Männchens ist zum Geweih umgeformt und eignet sich nicht mehr zum Beißen und Kauen. Das Männchen kann sich daher nur von Saft ernähren, der aus verletzten Baumstämmen austritt.

Die Hirschkäferlarve verpuppt sich im morschen Holz.

Insekten

Maikäfer

Lebensraum und Eiablage

Maikäfer sind bei uns recht selten geworden, doch gebietsweise kommen sie noch massenhaft vor. Wie du am Namen erkennen kannst, kriecht der Maikäfer Anfang Mai aus der Erde, fliegt umher und beginnt damit, die Blätter von den Bäumen zu fressen. Ein paar Tage nach der Paarung legt das Weibchen zehn bis 100 Eier im Boden ab. Aus ihnen schlüpfen vier bis sechs Wochen später die Maikäferlarven, die Engerlinge genannt werden.

Eiablage: ab Mai zehn bis 100 Eier

Heranwachsen der Jungtiere

Der Engerling hat einen weißlichen, stark gekrümmten Körper und wird bis zu sechs Zentimeter lang. Zunächst ernährt er sich von Humus, dann frisst er die Wurzeln von Wiesenpflanzen und zuletzt auch Baumwurzeln.

Schon gewusst?

Die Zeit als erwachsener Käfer ist die kürzeste Zeit im Leben des Maikäfers. Sie dauert nur vier bis sieben Wochen. Das Männchen stirbt kurz nach der Paarung, das Weibchen nach der Eiablage.

Das Leben als erwachsener Maikäfer ist sehr kurz.

Ein Maikäfer lebt vier Jahre als Larve.

Am Ende des dritten oder vierten Sommers verpuppt er sich und verwandelt sich in vier bis sechs Wochen in einen Maikäfer. Nun muss er aber erst unter der Erde überwintern, bis er als erwachsener Käfer herumfliegen kann.

Insekten

Mistkäfer

Lebensraum und Eiablage
Mistkäfer leben auf Feldern und in Wäldern. Gerne halten sie sich in der Nähe von Kühen oder Pferden auf, da sie sich zum Großteil vom Mist und Dung der Tiere ernähren. Nach der Paarung im Frühjahr bereitet das Mistkäferpärchen eine Brutkammer vor.

Eiablage: ab Mai
50 bis 100 Eier

> **Schon gewusst?**
> Das Mistkäferpärchen teilt sich beim Anlegen der Brutkammern die Arbeit: Das Weibchen übernimmt die Arbeit des Aushebens des Stollens. Das Männchen transportiert die ausgehobene Erde weg und schafft den Tierkot heran. Diesen verteilt das Weibchen dann in die Gänge.

Die Mistkäfer graben dazu in der Nähe von Tierkot einen bis zu einem Meter tiefen Stollen mit mehreren Seitengängen in die Erde. In diese Gänge bringen sie anschließend Kotkugeln als Nahrungsvorrat für den Nachwuchs. In jeden Gang legt das Weibchen schließlich ein Ei. Anschließend wird der Gang mit Erde verschlossen.

Heranwachsen der Jungtiere
Nach dem Schlüpfen ernähren sich die Mistkäferlarven von dem Mistvorrat. Der Mistkäfernachwuchs überwintert als Larve unter der Erde. Im Frühjahr verpuppt sich die Larve und kurz darauf verlässt ein fertiger Käfer den Stollen und kriecht an die Erdoberfläche.

Auf der Erde lebt der Mistkäfer erst, wenn er erwachsen ist.

Insekten

Springschwanz

Eiablage: mehrmals im Jahr bis zu 40 Eier

Lebensraum und Eiablage

Springschwänze leben bevorzugt in der Humusschicht nicht zu trockener Böden. In einem einzigen Liter Erde können bis zu 4000 Tiere leben. Sie ernähren sich unter anderem von Pilzen und faulenden Pflanzenteilen und sind für die Entstehung des Humus, also für einen fruchtbaren Boden, äußerst wichtig. Springschwänze sind teilweise nur ein bis drei Millimeter groß.

Die Paarungszeit der Springschwänze ist im Frühjahr. Vor allem zu dieser Zeit sammeln sich oft Tausende von Springschwänzen. Die Weibchen legen danach mehrfach im Jahr bis zu 40 Eier in der Humusschicht ab. Insgesamt legt ein Weibchen in ihrem Leben zwischen 150 und 350 Eier.

Auch der Luzernfloh ist eine Springschwanzart.

Heranwachsen der Jungtiere

Gleich nach dem Schlüpfen beginnen die Springschwanzlarven zu fressen. Springschwänze häuten sich etwa einmal im Monat und sind ab der fünften Häutung geschlechtsreif. Insgesamt häuten sie sich bis zu 50-mal.

Die erwachsenen Springschwänze sehen je nach Art sehr unterschiedlich aus.

Schon gewusst?

Springschwänze gehören zu den flügellosen Insekten. Von ihnen gibt es etwa 2000 Arten. Der Name Springschwanz rührt daher, dass eine Sprunggabel am Hinterleib hohe Sprünge zur Flucht ermöglicht.

Experimentieren macht Spaß

Springschwänze züchten

Leider ist es bei den meisten Tieren schwierig, ihre Entwicklung bis zum erwachsenen Tier in der freien Natur zu beobachten. Aber wenn du Lust hast und es deine Eltern erlauben, kannst du immerhin so manches Insekt auch bei dir zu Hause züchten.

Dazu brauchst du:

Springschwänze zwei bis drei geschlossene, durchsichtige Plastikbehälter, dünne Torfplatten (aus dem Gartenbedarf), Futter (Kartoffelscheiben, Champignonscheiben oder Ähnliches), Wasser

Achtung!

Überlege dir genau, welches Tier du auswählst. Schließlich musst du auch wissen, was du mit den Tieren machen willst, wenn sie ausgewachsen sind. Am besten ist es, wenn du sie dann in die Freiheit entlässt. Deshalb solltest du darauf achten, dass du keinen Schädling auswählst.

Und so gehts:

Schneide die Torfplatten so zu, dass sie etwas kleiner sind als der Boden des Behälters. Gieße Wasser dazu und warte, bis es vom Torf aufgesogen ist. Dann gieße den Rest wieder ab. Lege ein wenig Futter hinein. Gib die Springschwänze dazu und schließe den Behälter. Stelle den Behälter an einen halbdunklen Ort und wechsle alle zwei bis drei Tage vorsichtig das Futter. Bald kannst du beobachten, wie die ersten Larven, die wie kleine schwarze Strichlein aussehen, auf dem Futter sitzen.

Für die Zucht von Springschwänzen sprechen fünf Dinge: Man bekommt sie leicht, nämlich in der Tierhandlung, da sie als Lebendfutter für Aquarien dienen. Ihre Ernährung ist einfach. Die Entwicklungszeit ist kurz. Die Aufzucht ist geruchsfrei. Und du kannst sie getrost freilassen. Da diese Tiere aber meist sehr klein sind, solltest du zum Beobachten eine Lupe bereitlegen.

Insekten

Ohrwurm

Eiablage: ab November
50 bis 90 Eier

Lebensraum und Eiablage

Der Ohrwurm mag es feucht-warm und versteckt sich tagsüber unter Steinen und in Erdspalten. Nach der Balz- und Paarungszeit im Frühling oder Herbst legt das Ohrwurmweibchen 50 bis 90 Eier in eine Höhlung in der Erde, die meist unter einem Stein oder einem Brett versteckt ist.

Von nun an ist das Leben des Weibchens ganz auf den Schutz und die Pflege des Nachwuchses ausgerichtet. Es überprüft die Temperatur und die Feuchtigkeit der Bruthöhle und trägt notfalls alle Eier an einen anderen Platz. Sie leckt sie immer wieder sauber, bis im Frühjahr die Jungen schlüpfen.

Heranwachsen der Jungtiere

Die Ohrwurmmutter bringt für ihre Kinder Futter und pflegt die Larven über mehrere Häutungen hinweg. Wenn sich die Larven zu weit vom Nest entfernt haben, trägt sie sie sogar ins Nest zurück. Mit der Zeit kümmert sie sich immer weniger, bis sie stirbt. Dann dient sie den Jungen immerhin noch als Nahrung. Nach der vierten oder fünften Häutung sind die Ohrwürmer erwachsen.

Nach vier bis fünf Häutungen ist der Ohrwurm erwachsen.

Die Ohrwurmmutter auf der Suche nach Nahrung für die Larven.

Schon gewusst?

Der Ohrwurm gehört zu den wenigen Insekten, die sich eifrig und ausgiebig um ihre Jungen kümmern.

Würmer

Regenwurm

Lebensraum und Eiablage

Regenwürmer sind in jedem einigermaßen feuchten Boden zu finden. Von Frühsommer bis Herbst suchen sie sich einen Partner. Bei der Paarung legen sich die Würmer umgekehrt aneinander. Dabei sondern sie am sogenannten Gürtel in der Körpermitte eine Schleimschicht ab, die beide Tiere verbindet. Anschließend tauschen sie gegenseitig Samen aus, die Eier werden erst später befruchtet.

Später werden dann mit dem Fremdsamen befruchtete Eier in kleinen Kokons dicht unter der Erdoberfläche abgelegt. Je nach Art schlüpfen die Regenwürmer nach 16 bis 90 Tagen.

Heranwachsen der Jungtiere

Der Regenwurm ist bei seiner Geburt fünf bis zehn Millimeter groß und vollständig ausgebildet. Er wächst, indem sich an seinem hinteren Ende neue Körpersegmente bilden. Er kann bis

Jungtiere: das ganze Jahr
Kinderstube: in feuchter Erde

zu 30 Zentimeter lang und acht Jahre alt werden. Der Gürtel wird mit ein bis zwei Jahren gebildet, wenn der Regenwurm geschlechtsreif wird.

Regenwürmer werden nicht sehr alt, da sie häufig als Nahrung für Vogeljunge dienen.

Wenn der Gürtel gebildet ist, ist der Regenwurm erwachsen und kann selbst Kinder bekommen.

Schon gewusst?

Regenwürmer sind Zwitter. Sie haben also im vorderen Teil des Körpers gleichzeitig männliche und weibliche Geschlechtsorgane.

Rätselspaß

Naturquiz

Wie gut du dich mit Tierkindern auskennst, kannst du bei diesem Wissenstest überprüfen! Die Lösungen findest du auf Seite 80.

1. Welches Säugetier kann zwei unterschiedlich alte Würfe gleichzeitig austragen?

a) Der Feldhase
b) Der Dachs
c) Der Feldhamster

2. Welcher Vogel legt seine Eier in fremde Nester?

a) Der Eichelhäher
b) Der Kuckuck
c) Die Schleiereule

3. Bei welchem Tier kümmert sich nur das Männchen um die Jungen?

a) Beim Buntspecht
b) Beim Fuchs
c) Beim Stichling

4. Welches Tier bekommt die meisten Jungen im Jahr?

a) Der Dachs
b) Das Kaninchen
c) Das Eichhörnchen

5. Bei welchem Tier ist das Geschlecht der Jungtiere abhängig von der Umgebungstemperatur des Geleges?

a) Beim Mistkäfer
b) Beim Kuckuck
c) Bei der Sumpfschildkröte

6. Welches Tier ist ein Zwitter, also Männchen und Weibchen zugleich?

a) Das Wiesel
b) Die Meise
c) Die Weinbergschnecke

7. Welches Tier frisst nach der Paarung häufig das Männchen?

a) Die Gartenkreuzspinne
b) Der Frosch
c) Der Regenwurm

Rätselspaß

8. Welches Tier bleibt am längsten bei seinen Eltern?

a) Die Bachforelle
b) Die Schwalbe
c) Der Biber

9. Welche Tiere haben eine gemeinschaftliche Kinderstube für ihre Jungtiere?

a) Die Fledermäuse
b) Die Igel
c) Die Flusskrebse

10. Welches Tier lebt vier Jahre als Larve unter der Erde und nur wenige Wochen als erwachsenes Tier über der Erde?

a) Der Fuchs
b) Der Maikäfer
c) Der Regenwurm

11. Welcher Vogel baut nie ein eigenes Nest, sondern benutzt häufig die alten Nester anderer Vogelarten?

a) Der Teichrohrsänger
b) Die Feldlerche
c) Der Turmfalke

12. Welches Tier trägt seine Eier und danach die Jungtiere mehrere Wochen lang ununterbrochen mit sich herum?

a) Die Feldmaus
b) Der Flusskrebs
c) Die Hummel

13. Welches Tier hat häufig Welpen von verschiedenen Vätern?

a) Der Biber
b) Der Graureiher
c) Der Fuchs

14. Welcher Vogel brütet in Gemeinschaften?

a) Der Graureiher
b) Der Gartenrotschwanz
c) Das Blesshuhn

Glossar

Erklärungen

Amphibien: Tiere, die an zwei Lebensbereiche angepasst sind: Die Eiablage und das Heranwachsen der Larven findet im Wasser statt. Als Erwachsene leben sie an Land (Frösche, Kröten, Salamander, Molche).

Balz: Alle Verhaltensweisen der männlichen Tiere, mit denen sie um das Weibchen werben und die der Paarung unmittelbar vorausgehen.

Brunft: Bei Paarhufern (unter anderem Rehe, Hirsche, Gämsen) wird die Paarungszeit Brunft(-zeit) genannt.

Dottersack: Die Embryonen der Eier legenden Wirbeltiere (Vögel, Reptilien, Amphibien, Fische) ernähren sich vom Dottersack. Reste von ihm werden teilweise noch nach dem Schlüpfen als Nahrungsvorrat benutzt.

flügge: Wenn die Jungvögel das Nest verlassen und fliegen lernen, werden sie flügge.

Horst: Die hauptsächlich aus größeren Zweigen gebauten Nester von Raub- und Rabenvögeln oder großen Schreitvögeln (Storch, Reiher, Kranich) werden Horst genannt.

hudern: Viele Vögel hudern ihre Jungen, indem sie sie mit ihrem Gefieder oder ihren Flügeln vor Kälte und Nässe schützen.

Kokon: Viele Insekten, Spinnen oder Würmer umgeben ihre Eier oder Puppen mit einem Gespinst, um sie vor Feinden und vor der Witterung zu schützen.

Körpersegmente: Bei Insekten bestehen alle Körperteile aus gleichartigen Abschnitten (Segmente).

laichen: Wenn Frösche, Kröten oder Molche ihre Eier ablegen, nennt man das laichen. Die abgelegten Eier, die meist in eine glibberige Masse eingebettet sind, nennt man Laich.

Larven: So bezeichnet man bei Insekten, Fischen, Reptilien und Amphibien das Stadium zwischen Ei und erwachsenem Tier. Je nach Form der Larve spricht man unter anderem auch von Maden oder Raupen.

Glossar

Maden: So nennt man die Larven vieler Zweiflügler (Fliegen, Bienen), die weder eine Kopfkapsel noch richtige Gliedmaßen haben.

Metamorphose: Darunter versteht man die Verwandlung der Larve zum erwachsenen Tier.

Nachgelege: Wird ein Vogel beim Brüten gestört oder wird das Nest zerstört, so baut er ein weiteres Nest und legt dort neue Eier ab.

Nestflüchter: Nestflüchter sind Jungtiere, die ihr Nest kurz nach der Geburt (oder nach dem Schlüpfen) verlassen, wobei sich ihre Eltern aber weiter um sie kümmern. Zu ihnen gehören zahlreiche Säugetiere, die ohne den Schutz eines Unterschlupfes geboren werden, aber auch viele Wasservögel. Sie verfügen meist über ein gutes Tarnkleid.

Nesthocker: Nesthocker bleiben nach der Geburt noch längere Zeit im Schutz des Nestes oder der Geburtshöhle. Oft kommen sie nackt und blind auf die Welt und sind noch einige Zeit völlig hilflos.

Puppe: Vor der Verwandlung der Larve in das erwachsene Tier verpuppen sich manche Tiere: Das heißt, sie schützen sich durch die Ausbildung einer festen Hülle.

Raupe: Als Raupen bezeichnet man die Larven der Schmetterlinge.

Reptilien: Reptilien sind wechselwarme Wirbeltiere mit schuppiger Haut. Die meisten legen Eier (unter anderem viele Schlangen, Schildkröten und die meisten Echsen).

trächtig/Tragzeit: Bei Säugetieren spricht man nicht von Schwangerschaft, sondern man bezeichnet ein schwangeres Tier als trächtig. Die Dauer der Schwangerschaft nennt man Tragzeit.

Wurf: Die neugeborenen Kinder eines Säugetieres bezeichnet man als Wurf, den Vorgang des Gebärens als werfen.

Zwitter: Lebensformen, die gleichzeitig oder nacheinander männlich und weiblich sind. Zu ihnen gehören viele Schnecken und die Regenwürmer. Zwitter können sich mit jedem Artgenossen fortpflanzen.

Naturschutz und Rote Liste

Naturschutz und Rote Liste

Die Natur bietet nicht nur schöne Pflanzen, Tiere und Landschaften, sondern ist für uns Menschen auch die Grundlage unserer Existenz.

Pflücke keine Pflanzen und fange keine Tiere, die du nicht kennst. Es könnten geschützte Arten sein. Wenn du wissen willst, welche Arten besonders oder sogar streng geschützt sind, schaue auf der Internetseite www.wisia.de nach.

Etwas ganz Besonderes ist die Rote Liste. Sie wird auch als Fieberthermometer des Naturschutzes bezeichnet. In der Roten Liste verraten uns Experten, welche Pflanzen- und Tierarten bei uns so stark im Bestand zurückgehen und nur noch so selten vorkommen, dass sie bald aussterben könnten – wenn wir uns nicht um sie kümmern. Solche Arten kommen dann auf die Rote Liste gefährdeter Arten. Und Rot bedeutet einfach: Achtung! Aufpassen!

Willst du mehr über unsere Natur und ihren Schutz erfahren, dann mach mit bei den Naturdetektiven des Bundesamtes für Naturschutz. Gehe im Internet einfach auf die Seite www.naturdetektive.de.

Doch je stärker die Bevölkerung wächst, desto mehr wird die Natur auch genutzt und belastet. Deshalb muss sie gezielt geschützt werden. Trotz aller Bemühungen sind viele Pflanzen und Tiere bis heute vom Aussterben bedroht.

Unsere Erde bedarf eines besonderen Schutzes.

Register

Amphibien	9, 23 f.
Amsel	34
Bachforelle	20
Biber	12
Blesshuhn	13
Buntspecht	35
Dachs	59
Dreistachliger Stichling	21
Eichelhäher	36
Eichhörnchen	28
Eidechse	55
Erdkröte	23
Europäische Sumpfschildkröte	25
Europäischer Flusskrebs	26
Feldhamster	60
Feldhase	29
Feldlerche	37
Feldmaus	61
Fische	9, 20 f.
Fledermaus	30
Flusskrebs, Europäischer	26
Fuchs	62
Fuchs, Kleiner	52
Gartenkreuzspinne	56
Gartenrotschwanz	38
Graureiher	14
Hirschkäfer	67
Hohltaube	40
Honigbiene	48
Hummel	49
Igel	31
Insekten	9, 18 f., 47 ff., 67 ff.
Kaninchen	63
Kleiner Fuchs	52
Kolbenwasserkäfer	18
Krebstiere	26
Kuckuck	17, 41
Laubfrosch	24
Libelle	19
Maikäfer	68
Marienkäfer	47
Maulwurf	64
Meise	42
Mistkäfer	69
Motte	53
Murmeltier	65
Ohrwurm	72
Regenwurm	73
Reh	32
Reptilien	9, 25, 54 f.
Ringelnatter	54
Rote Liste	78
Säugetiere	6 f., 12, 28 ff., 59 ff.
Schleiereule	43
Schnecken	57
Schwalbe	44
Schwan	15
Spinnentiere	56
Springschwanz	70 f.
Stichling, Dreistachliger	21
Stockente	16
Sumpfschildkröte, Europäische	25
Teichrohrsänger	17, 41
Turmfalke	45
Vögel	7 f., 13 ff., 34 ff.
Weinbergschnecke	57
Weißstorch	46
Wespe	50
Wiesel	66
Wildschwein	33
Würmer	73

Lösungen und Bildnachweis

Lösungen

1 a), 2 b), 3 c), 4 b), 5 c), 6 c), 7 a), 8 c), 9 a), 10 b), 11 c), 12 b), 13 c), 14 a)

Bildnachweis

dpa Picture-Alliance, Frankfurt: Arco Images GmbH 14 o.l., 20 o.r., 21 o.l., 35 u.l., 43 m.r., 59 u.l., 63 u.; OKAPIA KG, Germany 17 m.l., 18 u.l., 18 u.r., 21 u., 26 u., 40 o.l., 60 u., 61 m.l., 67 u.r.; dpa 59 u.r.

www.fotolia.de: hikuta 3 u.; Eric Isselée 4, 5 o.r., 32 o.l., 33 o.l., 74 o.r.; Karin Jähne 6 u.l., 33 m.r.; Herby (Herbert) Me 7u.r.; Peter Wey 8 m.l., 46 m.r.; Reena 9 m.; M.R. Swadzba 9 u.l., 52 m.r., 54 o.r.; Gorilla 10 o.l.; Wolfgang Eichentopf 11; Rey Kamensky 12-26, 28-57 (Kolumne); seb hovaguimian 12 o.l.; Darren Nickerson 12 m.r.; JMP de Nieuwburgh 12 u., 75 o.l.; Harry Reim 13 o.r., 75 u.r.; makuba 23 o.r., 55 o.l., 77 u.r.; Bildermehr 23 m.l.; Benshot 23 u.r.; Lida Salatian 24 o.r., 74 u.; James Phelps Jr 27; chameleonic 28 u.l.; Harald Lange 31 u.l.; Studio-54 31 u.r.; Leo Wyden 32 u.l.; Tobias Marks 33 u.l.; dule964 34 o.r.; Steph@ne-Lange.info 34 m.l.; Sabine Geißler 34 u.r.; Ulrich Velten 35 m.r.; Alfred Tschui 35 o.r.; Torsten Jantsch 37 o.l.; Alexandr Ozerov 39 u.r.; Brigitte Bonaposta 42 u.l.; hfox 43 o.l.; Steve Byland 44 o.r.; carmelo milluzzo 45 m.l.; karhan 45 o.r.; Marty Kropp 46 o.l., 75 u.l.; lidian neeleman 47 o.r.; Stoney79 47 u.r.; Valeriy Kirsanov 48 m.r.; stachu343 48 m.l.; alle 49 o.l.; DWP 49 m.r.; SibylleMohn 50 u.l.; FK-Lichtbilder 52 o.l.; Marianne Mayer 55 m.r.; Joachim Neumann 56 m.l.; Christa Eder 57 o.r.; Graham Taylor 58; Sergey Galushko 59-73 (Kolumne); Steffbiene 61 o.r.; Marty Kropp 62 o.l.; Carolina K Smith MD 62 u.l.; ChriSes 68 u.l.; Klaus Eppele 72 o.l.; Tomashko 76 o.l.; Ingo Bartussek 77 o.l.; adisa 78 m.l.; Kristian Sekulic 78 u.

www.istockphoto.com: Andy Gehrig 6 o.r., 32 m.r.; Brian Brockman 25 m.r.; Mercè Bellera 25 u.l.; Abel Leão 36 m.l.; Richard Seeley 62 m.r.; Marcin Pawinski 64 m.r.

www.shutterstock.com: 1000 Words 5 m.l.; Ron Rowan Photography 7 m.l.; photo-oasis 14 u.r.; Alina Kurbiel 29 u.r.; Kirsanov 30 m.r.; andras_csontos 30 m.r.; Cristian Mihai 38 o.r., 38 u.r.; Jens Ottoson 50 m.r.; Devin Koob 64 u.l.; Pakhnyushcha 73 o.r.; Mike Truchon 73 m.r.

www.pixelio.de: s.kunka 5 u.r.; Christian Dotzauer 7 o.r.; Thomas Max Mueller 8 o.r.; Eddy 8 u.r.; kklausi 13 m.r., 13 u.l.; Helga Schmadel 14 o.r., 69 o.r.; Eddy 15 m.r.; Manfred Schimmel 15 u.l.; Rosel Eckstein 16 o.l., 68 m.r.; Nopp 16 m.r.; Ernst Rose 16 u.r.; Peashooter 17 o.r.; Sigrid Christl 19 u.r.; Michael Wittstock 19 o.l.; A.Dreher 19 m.r.; Albrecht E. Arnold 25 o.l.; Jasmin Jandera 28 o.l., 28 m.r.; Falk Blümel 31 o.r.; dieter haugk 36 o.r., 64 o.l.; Kerstin Ziebandt 36 u.l.; Janine Vlach 39 u.l.; hagir25 41 u.l., 74 m.l.; R. B. 42 m.l.; Karl Dichtler 42 o.l.; seedo 44 m.r.; Marion 44 u.l.; Karin Jaehne 45 u.r.; Ralf Reuter 46 u.l.; JPW.Peters 47 u.l., 48 o.l.; Stefanie Abel 49 u.l.; Verena N. 56 o.r.; Templermeister 59 o.r.; Samy13 61 u.r.; Ingrid Kranz 65 o.r.; Udo Sodeikat 67 o.l.; Ro 68 o.r.; Dieter Rill 69 u.; Gitti 72 m.r.; Frank Hollenbach 72 u.l.; Jerzy 76 o.r.; Dr. Jutta Nowack 77 m.r.; Lange 77 u.l.

Sonstige: Urheber: Julia Narr, Lizenz: cc-by-sa 10 m.r., 65 m.l.; Urheber: HAH, Lizenz: cc-by-sa 15 o.l.; Urheber: Matthias Barby, Lizenz: cc-by-sa 17 u.r.; Urheber: Darkone, Lizenz: cc-by-sa 18 o.r.; Urheber: Christian Fischer, Lizenz: cc-by-sa 24 m.r., 24 m.l.; Urheber: H. Zell, Lizenz: cc-by-sa 26 o.r.; Urheber: Accipiter (R. altenkamp, Berlin), Lizenz: cc-by-sa 29 u.r.; Urheber: Mnolf, Lizenz: cc-by-sa 30 m.l.; Urheber: Diliff, Lizenz: cc-by-sa 37 m.r.; Urheber: Deborah Genini, Lizenz: cc-by-sa 37 u.l., 38 u.r.; Urheber: jim.gifford, Lizenz: cc-by-sa 40 o.l.; Urheber: Tim Peukert, Lizenz: cc-by-sa 41 o.r.; Urheber: Per H. Olsen, Lizenz: cc-by-sa 41 m.r.; Urheber: Richard Bartz, Munich aka Makro Freak, Lizenz: cc-by-sa 50 o.r.; Urheber: Harald Süpfle, Lizenz: cc-by-sa 52 o.r.; Urheber: Olaf Leillinger, Lizenz: cc-by-sa 53 o.l.; Urheber: Georg Wilhelm, Lizenz: cc-by-sa 54 o.l.; Urheber: Svdmolen, Lizenz: cc-by-sa 55 u.l.; Urheber: André Karwath aka Aka, Lizenz: cc-by-sa 56 u.r.; Urheber: Janek Pfeifer, Lizenz: cc-by-sa 57 m.l.; Urheber: katanski, Lizenz: cc-by-sa 60 o.l.; Urheber: JJ Harrison, Lizenz: cc-by-sa 63 o.l.; Urheber: Bohus1, Lizenz: cc-by-sa 65 o.r.; Urheber: Keven Law, Lizenz: cc-by-sa 66 o.l.; Urheber: H. Rothacher, Lizenz: cc-by-sa 67 m.r.; Urheber: Manfred Kunz, Lizenz: cc-by-sa 70 o.l.; Urheber: Lucarelli, Lizenz: cc-by-sa 70 m.r.; Urheber: Stemonitis, Lizenz: cc-by-sa 70 u.l.; Urheber: Micheal Linnenbach, Lizenz: cc-by-sa 73 u.l.